De l'Industrie Immobilière

CONSIDÉRÉE

Comme la principale Source de la Fortune publique et privée,

ET SPÉCIALEMENT DE SON ÉTAT ACTUEL

DANS LA VILLE D'ORLÉANS;

Suivi de quelques Réflexions sur la Législation des Travaux publics et les Administrations Municipales;

PAR Mr P.-A.-M.-V. FOUCHER, AVOCAT.

« L'Industrie répare en secret les ruines que
« les discordes et les préjugés laissent après
« eux. »
VOLTAIRE.

PARIS,

ÉVERAT, IMPRIMEUR, RUE DU CADRAN, No 16.

—

OCTOBRE 1830.

Au Roi des Français.

Sire,

En recherchant les causes de l'ancienne prospérité de notre VILLE *, j'ai trouvé qu'il fallait placer au premier rang l'éclatante protection que vos illustres* PRÉDÉCESSEURS *ont si généreusement accordée à nos pères. Tout dans nos murs et au-dehors est empreint des marques de leur inépuisable bienfaisance, et atteste leur vive sollicitude pour tous nos besoins.* ORLÉANS *doit à* LOUIS XII *son agrandissement et son étendue actuelle; à* Philippe de France, *votre auguste* aïeul, *son magnifique Canal ; et le plus vaste État-blissement commercial dont elle ait été dotée en dernier lieu, sa riche Filature de coton qui occupait plus de mille bras, fut encore un gage de la munificence de* votre famille *envers notre belle Cité.*

Sire , *les temps qui ont vu décroître sa splendeur sont aussi ceux où Vous avez manqué à notre amour. Blessée dans ses intérêts commerciaux , par suite des vicissitudes qui n'ont rien épargné en France , c'est en vain qu'elle a essayé de se relever de tant de pertes et qu'elle a voulu alléger le poids de la misère qui accable sa population laborieuse. Tous ses efforts ont été vains ; tous ses vœux ont été repoussés. Des* lois *en désaccord avec notre pacte fondamental rendent partout impossibles les améliorations les plus utiles et paralysent d'avance tout ce qui est tenté dans l'intérêt des* localités. *Ces Lois vont bientôt disparaître. Votre présence au Trône, où vous venez d'être appelé* par la volonté du peuple français, *en est le présage le plus certain et la garantie la meilleure. Sous un Monarque* élu *par la Nation , comme le plus digne et le plus capable de faire son bonheur,* le principe de l'élection *cessera d'être repoussé de nos lois ; et sous un Roi-Citoyen ,* les droits de nos cités *seront aussi une vérité.*

Notre Ville , Sire , *Berceau* de vos ancêtres, *et dont vous avez voulu que le* nom *glorieux fût désormais* le seul titre de l'héri-

TIER DE LA COURONNE, *peut donc , sans crainte , se livrer à l'es-pérance de voir renaître son Commerce , refleurir son Industrie , reprendre ses Travaux et compter encore sur Votre appui. Elle vous offrira en retour sa vieille réputation de Fidélité à ses Princes, l'éclat qui rejaillit sur le Trône de la prospérité com-merciale , dans un grand empire , et les vœux qu'elle ne cessera de former pour Votre bonheur.*

Puisse ce tableau de sa situation actuelle , et des entraves qu'elle éprouve dans l'exécution des projets qu'elle a conçus pour son utilité et son embellissement , vous intéresser plus vivement à son sort! et puisse ce faible essai , inspiré par l'amour du Pays natal et le désir d'être utile à mes Concitoyens , n'être point jugé par vous indigne d'un suffrage que j'ose ambitionner , et qui sera la plus douce récompense de mes efforts !

Je suis avec le plus profond respect ,

SIRE ,

DE VOTRE MAJESTÉ ,

Le dévoué et fidèle sujet ,

P.-A.-M.-V. FOUCHER , avocat.

Paris, 5 Octobre 1830.

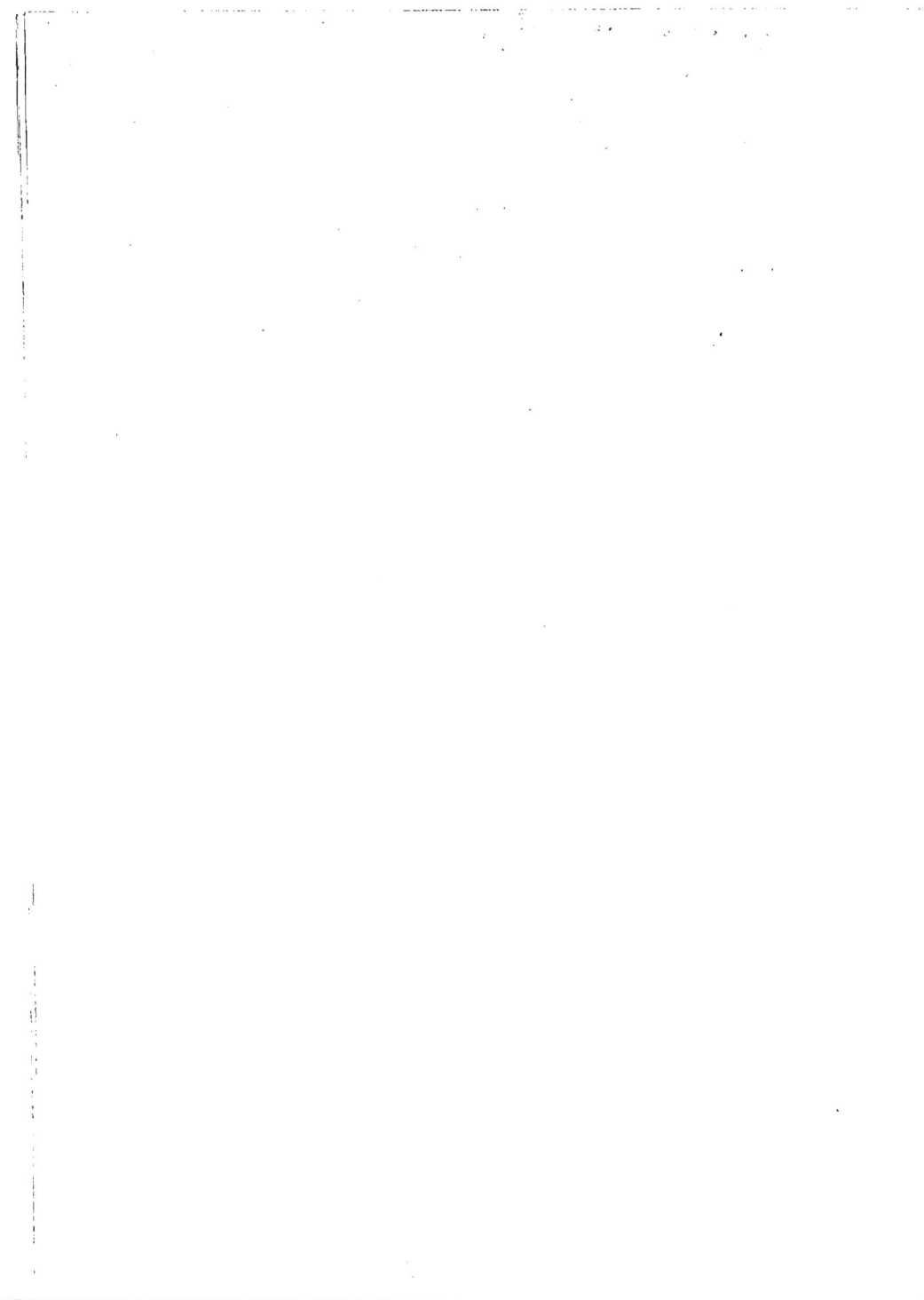

DE

l'Industrie Immobilière

CONSIDÉRÉE

Comme la principale Source de la Fortune publique et privée,

ET SPÉCIALEMENT DE SON ÉTAT ACTUEL

DANS LA VILLE D'ORLÉANS,

Suivi de quelques Réflexions sur la Législation des Travaux publics et les Administrations Municipales.

———————

Depuis un demi-siècle nos VILLES et nos DEMEURES ont pris partout un nouvel aspect, conséquence nécessaire de tous les changemens survenus dans nos Usages et dans nos Mœurs. A une époque où chez nous LE COMMERCE était inconnu et LES ARTS dans l'enfance ; quand tous moyens de communication manquaient entre nos Provinces, restées étrangères les unes aux autres, tout en France se ressentait de l'état DE SERVITUDE et D'ISOLEMENT où se trouvaient les esprits et les choses. Alors chaque VILLE, véritable Place-Forte, présentait au-dehors une triple ceinture de

2

fossés, de murailles, de bastions, et n'offrait à l'intérieur que des Rues sinueuses et mal percées, rendues chaque jour PLUS ÉTROITES par l'avidité des gens du fisc et le fléau des guerres civiles (1). Chaque HABITATION n'était élevée que pour servir d'abri contre les intempéries de la saison. Nos Campagnes désertes et incultes renfermaient dans leur vaste étendue, ou de go-thiques CHATEAUX, possédant pour tout mobilier d'antiques ar-mures, ou de chétives CHAUMIÈRES, asile de la pauvreté et de l'i-nertie. Mais à mesure que les lumières, se faisant jour à travers les siècles, sont venues développer leurs progrès, LA CIVILISATION, qui marche à leur suite, a pénétré dans toutes les Classes de la Société ; ses Bienfaits répandus en tous lieux ont partout triom-phé de l'Ignorance, déraciné les Préjugés, préparé un Nouvel Ordre de choses. . . . . . . et les Vieilles Mœurs ONT DISPARU. Aujourd'hui une Population florissante et nombreuse couvre nos campagnes rendues plus fécondes par des mains qui ne récoltent plus pour autrui ; les gothiques CHATEAUX se sont changés en de-meures plus riantes, que tous les Arts ont été appelés à décorer ; et nos VILLES, débarassées de leurs lourdes ceintures transfor-mées désormais en élégantes promenades, défendues et proté-gées par le courage des Citoyens, ont vu redresser et élargir leurs RUES, en percer de nouvelles, agrandir et orner leurs PLA-CES, et partout multiplier et embellir LES DEMEURES, où se trou-vent réunies à peu de frais toutes les commodités de la vie sociale et toutes les douceurs d'un luxe qui nous offre à tout moment de nouveaux moyens de jouissance et de nouvelles sour-ces de bien-être, et qui est devenu dans nos états modernes le premier aliment de la prospérité publique.

Du BESOIN d'avoir des HABITATIONS appropriées à nos usages ac-tuels est né, dans ces derniers temps, un nouveau genre de

Spéculation auquel on a donné le nom D'INDUSTRIE IMMOBILIÈRE, et qui a deux objets principaux et distincts :

1° L'ACQUISITION ET LA VENTE DES TERRAINS PROPRES A BATIR ;

2° LA CONSTRUCTION ET LA VENTE DES HABITATIONS NOUVELLES, ET LES RÉPARATIONS ET MISE EN VALEUR DES MAISONS ANCIENNES.

Nous nous proposons ici d'examiner quelle est en général L'INFLUENCE DE CES SORTES D'OPÉRATIONS SUR LE SORT D'UN PAYS, ET SPÉCIALEMENT QUEL EST L'ÉTAT ACTUEL DE L'INDUSTRIE IMMOBILIÈRE DANS LA VILLE D'ORLÉANS. Enfin ce genre d'opérations, pour recevoir tout le développement dont il est susceptible, et procurer tout le bien qu'il peut faire, devant trouver d'abord UN APPUI dans la loi et UN CONCOURS D'ACTION dans l'autorité locale, nous terminerons cet examen PAR QUELQUES RÉFLEXIONS SUR LA LÉGISLATION DES TRAVAUX PUBLICS ET LES ADMINISTRATIONS MUNICIPALES.

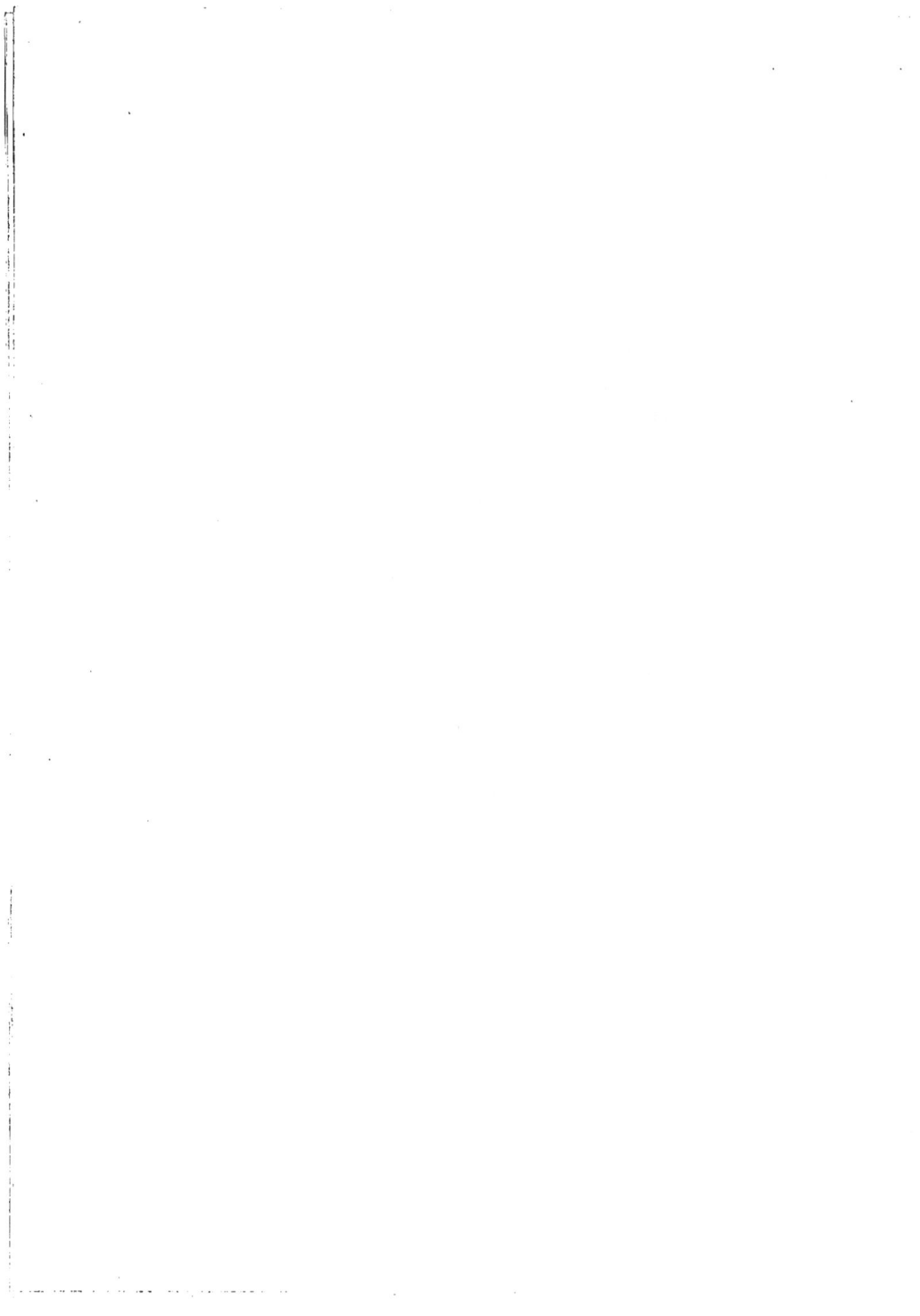

DE L'INFLUENCE

DE

l'Industrie Immobilière

Sur le bien-être d'un Pays.

Rapide dans sa marche et atteignant par ses résultats toutes les classes de la Société, non-seulement L'INDUSTRIE IMMOBILIÈRE ne connaît aucun intérêt qui lui soit opposé, ou qui souffre de sa présence, mais encore elle est telle par sa nature qu'elle ne peut s'exercer sans communiquer aussitôt son activité créatrice à toutes les autres industries.

Le Propriétaire du sol, le Producteur des matières premières, l'Artiste, l'Ouvrier à la journée, le Banquier, le Capitaliste, enfin L'ETAT lui-même, tous ressentent au plus haut degré les immenses effets d'une suite de mesures, de travaux, d'opérations qui se lient et s'enchaînent dans un cercle perpétuel et se font valoir l'un par l'autre ; à l'aspect DE L'INDUSTRIE IMMOBILIÈRE tous les intérêts sont éveillés, tous les bras en mouvement; l'argent circule de mains en mains; le pays s'enrichit de nouvelles valeurs et de nouveaux habitans; et le bien-être règne partout.

En vain on voudrait faire honneur seulement à son Commerce et à ses mille Vaisseaux de la prospérité si vantée de L'ANGLETERRE. Ceux qui ont observé LA GRANDE-BRETAGNE savent que les merveilles de l'Industrie Manufacturière et Commerciale y sont SURPASSÉES de beaucoup par les prodiges DE L'INDUSTRIE IMMOBILIÈRE. Celle-ci est véritablement dans ce pays LA BASE et LA SOURCE principale de la Richesse Nationale et Particulière; et L'ARISTOCRATIE anglaise, si puissante, ne possède autant de richesses que parce que, propriétaire du sol, elle su depuis longtemps s'ASSOCIER à toutes les Entreprises de tout genre qui en ont augmenté LA VALEUR à un point qui surpasse toutes les prévisions imaginables (2).

En France L'INDUSTRIE IMMOBILIÈRE pourrait opérer des Prodiges non moins grands et porter la Prospérité publique à un degré non moins élevé. Jamais aucun pays n'a offert un plus riche assemblage de matières premières et de ressources de toute espèce ; et jamais circonstances n'ont été plus favorables pour vaincre les faibles résistances que quelques préjugés opposent encore, et produire le bien réclamé de toutes parts.

Quels avantages incalculables L'INDUSTRIE IMMOBILIÈRE n'a-t-elle pas procuré à LA CAPITALE dans le court espace de quinze années? Des Embellissemens dans tous les Quartiers ont fait de PARIS LA PLUS BELLE VILLE DU MONDE ; un accroissement immense dans les Revenus publics ; un mouvement toujours ascendant dans les Fortunes particulières ; des espaces jusque-là sans valeur payés au poids de l'or ; des bâtimens d'un produit NUL enrichissant tout-à-coup leurs propriétaires ; toute la population de PARIS occupée avec joie et voyant sans jalousie arriver de tous les points de la France, pour prendre part à ses travaux et les activer encore, une foule d'ouvriers qui, chaque année, reportant dans dans nos Provinces le fruit de leurs économies, y vont faire goûter aussi un surcroît de bonheur et de fortune. Voilà le tableau exact que présente L'INDUSTRIE IMMOBILIÈRE recevant dans PARIS des développemens dignes des ressources et de l'activité de la Capitale de la France (3) ; voilà les Prodiges dont nous avons été témoins ; disons-le, sans craindre d'être taxé d'exagération : à elle seule L'INDUSTRIE IMMOBILIÈRE ferait vivre un Royaume privé d'autres ressources, et par l'impulsion qu'elle donne aux arts et aux esprits civiliserait la Nation la plus barbare.

Dans nos Départemens de premiers efforts tentés avec timidité, et au milieu des entraves qui s'y opposent à tout développement matériel et intellectuel, ont cependant déjà produit les plus heureux résultats, et ont prouvé que, lorsqu'enfin les Administrations Locales pourraient s'occuper des améliorations du Pays, sans être obligées de prendre pour JUGES et pour GUIDES des hommes placés TROP LOIN pour pouvoir apprécier LEURS BESOINS, et TROP HAUT pour connaître LEURS RESSOURCES, nos Provinces recevront aussi des développemens DE L'INDUSTRIE IMMOBILIÈRE un accroissement de Richesses et de Prospérité qu'on n'a fait qu'y entrevoir jusqu'à ce jour. L'élan est donné. Toutes nos VILLES

sentent le besoin de se moderniser : partout on réclame des Eta-
blissemens en harmonie avec les progrès de la civilisation. Les
vieux MOUTIERS, les TOURS en ruines, les MURAILLES démantelées,
les FOSSÉS sans eau, MONUMENS d'une époque qui ne vit plus que
dans l'Histoire, doivent faire place à DES MONUMENS dignes de nos
jours et conformes A NOS MOEURS PUBLIQUES ET PRIVÉES. Chaque
VILLE veut avoir sa MAISON COMMUNE, où se débattent les intérêts
de la CITÉ, où soient conservées et honorées les images de Ceux
qui ont contribué au bonheur du pays ; son THÉATRE, où la
Jeunesse ira applaudir les Chefs-d'OEuvre de la Scène Française
et voir honorer les belles actions ; SES MARCHÉS COUVERTS, où
l'habitant des campagnes, fatigué d'une longue route lorsqu'il
vient pourvoir à nos besoins, ne soit pas exposé à toutes les rigueurs de la saison ; des ÉCOLES pour l'enfance ; des HOSPICES
pour la vieillesse et le malheur ; des BIBLIOTHÈQUES toujours ou-
vertes à toutes classes, et où l'on trouve autre chose que des
livres qu'on ne lit jamais, etc., etc. Nos Campagnes demandent
DES ROUTES, DES CHEMINS, DES CANAUX, etc., etc. De pareils Travaux, en couvrant le sol de la France DE MONUMENS qui feront
la gloire de notre Siècle et l'orgueil de nos Neveux, contribue-
ront à répandre dans nos Provinces l'abondance et la vie, ac-
croîtront notre richesse nationale ; et PARIS ne sera plus la seule
Ville de l'Empire où les Arts pourront étaler leurs merveilles
et commander l'admiration.

Si l'on objecte que pour mettre à chef les Entreprises projetées dans toutes les Localités, il faudrait d'immenses capitaux,
nous répondrons que ni les capitaux, ni les moyens de crédit
n'ont jamais manqué en France. Nous n'en voulons pour preuve
que la facilité avec laquelle se sont toujours remplis tous les
emprunts proposés par notre Gouvernement ou par les Gouver-

nemens étrangers ; et il est sans exemple que l'exécution d'une Entreprise vraiment utile, assise sur des calculs exacts et reconnus tels par des hommes désintéressés, ait été arrêtée *seulement faute de fonds*. Ce qui chez nous arrête *à leur début* les Entreprises les plus ardemment désirées et cause leur ruine, quand une fois elles sont engagées, ce sont les lenteurs de l'Administration, les droits énormes du Fisc, l'imperfection de nos lois et trop souvent le manque de connaissances administratives chez les Administrateurs (4). Ce sont là les vrais obstacles à toute amélioration projetée, et non l'absence de capitaux ou de moyens de crédit qui ne manquent pas plus en France que la matière à mettre en œuvre, les bras à utiliser et les besoins à satisfaire.

Sous un Règne surnommé à son aurore le règne de la liberté et du bien public, l'industrie immobilière peut enfin compter voir briser les liens qui s'opposent à ses progrès. Chaque Contrée, chaque Ville pourra désormais voir réaliser les améliorations de tout genre qu'elles projettent depuis si long-temps et qu'on leur avait tant de fois fait espérer comme prix d'une obéissance toujours si mal récompensée. Ce besoin de créer et d'agir, marques distinctives de notre époque, trouvera au milieu de cette longue suite de travaux un aliment capable de le satisfaire ; et le mouvement qui en résultera tournera au profit du pays et au bien de tous. Nous n'aurons plus rien à envier aux états voisins qui, à leur tour, viendront chez nous chercher des modèles ; et la France en paix accomplira ses brillantes destinées.

Les effets de l'Industrie immobilière sur le sort d'un pays sont donc tous a l'avantage de ses habitans. Les simples lumières du bon sens le feraient suffisamment comprendre, et

3

mille exemples sous nos yeux le prouvent jusqu'à la dernière évidence. Heureux le PAYS où elle prospère! Honneur aux MAGISTRATS qui savent l'encourager! Voyons dans quel état elle se trouve dans ORLÉANS.

DE L'ÉTAT

DE

l'Industrie Immobilière

Dans la Ville d'Orléans.

« Pour obvier à tant de pertes et *pour conserver des*
» *moyens d'existence* à la nombreuse population de
» notre ville, nous devrions cesser de rester dans une
» coupable indifférence sur notre position. Il faudrait
» *embellir, améliorer et encourager la création de*
» *nouvelles industries*, comme cela a été exécuté dans
» beaucoup d'autres villes... En adoptant le système
» d'amélioration et d'embellissement suivi par la plupart
» des villes de France, nous verrions s'exécuter *d'utiles*
» *travaux, qui offriraient des ressources immenses à*
» *nos ouvriers.* » (M. Benoist-Latour, *Notice sur la*
ville d Orléans en 1823 , insérée dans *les Annales de*
la Société royale des Sciences, Arts et Belles-Lettres
d'Orléans, T. 6. — Nos 1 et 2.)

Peu de villes sont aussi favorablement situées que la VILLE
D'ORLÉANS. C'est à cet avantage qu'elle fut redevable, dès l'origine de la monarchie, de fixer l'attention de nos SOUVERAINS, et
de voir croître de plus en plus sa prospérité commerciale, qui,
dans ces derniers temps, avait atteint le plus haut degré de
splendeur.

CAPITALE d'un État séparé, lorsque les Enfans du premier Roi
chrétien partagèrent le Royaume de leur père, elle fut par la

suite choisie pour être dévolue en APANAGE à nos PRINCES, et leur tenir lieu DE LA PART HÉRÉDITAIRE, dans la succession de nos Rois (5). C'est ainsi qu'elle appartint successivement à PHILIPPE DE VALOIS, fils puîné de PHILIPPE VI; au second fils de CHARLES V; à son petit-fils, depuis Roi sous le nom de LOUIS XII, surnommé LE PÈRE DU PEUPLE; (6) à HENRI, fils de FRANÇOIS Ier, depuis Roi sous le nom de HENRI II; à GASTON de France, frère de Louis XIII, et enfin à PHILIPPE de France, frère de Louis XIV. L'APANAGE D'ORLÉANS fut remis à Philippe de France, pour lui tenir lieu de LA LÉGITIME dans la succession de Louis XIII. Ce fut *le prix de sa renonciation, au* profit de l'aîné (Louis XIV), *aux domaines, terres et seigneuries, meubles et effets mobiliers échus par le trépas de feu leurdit seigneur et père*, ainsi qu'il est exprimé dans les lettres d'investiture de l'apanage, en date de mars 1661, enregistré au Parlement le 10 mai suivant, et dans l'édit d'octobre 1773; moyennant lequel apanage....... (porte cet édit), nous avons renoncé et renonçons, etc., etc.

L'honneur d'appartenir AUX PRINCES qui approchaient le Trône de si près, de les voir souvent séjourner dans ses murs, enfin d'être le siége principal de l'Administration de leurs vastes Domaines, contribua encore à ajouter à la gloire et à la prospérité D'ORLÉANS; et LES BIENFAITS qu'ils ne cessèrent d'y répandre, LES ÉTABLISSEMENS de tout genre qu'ils se plurent à y créer dans tous les temps, attachèrent d'un amour inviolable les habitans à leurs personnes. La fidélité des ORLÉANAIS est passée en proverbe, et leur bravoure est connue : les ennemis de la France furent plus d'une fois arrêtés et vaincus au pied de leurs murailles.

Parmi les autres causes qui ont rendu cette Ville si renommée et son commerce si florissant, il faut citer la navigation de la

Loire, dont elle occupe le point le plus élevé, et qui la met
en communication avec les deux mers; l'absence pendant si
long-temps d'aucune fabrique dans Paris; la possession de la
belle colonie de Saint-Domingue; et, dans ces derniers temps,
l'indépendance des colonies anglaises qui, en permettant d'ouvrir de nouvelles relations avec les nouveaux États d'Amérique,
donna un mouvement si rapide au commerce des Ports du Midi
et de l'Ouest de la France, dont ORLÉANS fut toujours considéré
comme le principal ENTREPÔT. Un Commerce aussi étendu la
rendit Maîtresse de grandes richesses, et amassa dans son sein
d'immenses Capitaux, qu'elle possède encore.

Elle était *une des plus opulentes Villes* de France; SES MAGIS-
TRATS voulurent en faire *une des plus belles Villes de l'Europe,*
et furent admirablement servis dans leurs desseins par les heureuses dispositions qu'elle présente de toutes parts, pour arriver
à une RÉGULARITÉ qui faisait l'objet de tous leurs vœux. Bâtie
en amphithéâtre sur un sol partout égal, et qui par une pente
légère descend vers la Loire, où elle se développe majestueuse-
ment sur une étendue considérable, ORLÉANS avec de belles
Places, de beaux Monumens, des Rues bien percées, n'avait
besoin que *de subir quelques dégagemens* pour offrir à l'intérieur et à l'extérieur l'aspect le plus magnifique et le plus
imposant. Un ensemble DE TRAVAUX fut projeté et exécuté
avec une rapidité qui ne fait pas moins d'honneur aux
MAGISTRATS qui les ordonnèrent qu'aux Gens de l'Art qui
furent chargés de leur direction, et à la population tout entière
qui s'associa à leurs efforts (7). LA PLACE DU MARTROI, située
au centre de la ville, fut régularisée; et LE DUC D'ORLÉANS contribua singulièrement à son embellissement, en y faisant élever
le vaste HÔTEL qu'on y voit encore, et où se trouvait LA CHAN-

CELLERIE du Prince et l'Administration de ses Domaines (8). A la suite de cette place, on perça UNE NOUVELLE RUE, large de 45 pieds et ornée de Façades régulières ; LES MAISONS QU'ON Y CONSTRUISIT, AU NOMBRE DE PLUS DE DEUX CENTS, furent VENDUES avantageusement, AUSSITÔT QUE BATIES, malgré la mauvaise distribution et le peu de commodité de ces Maisons, qui, la plupart, n'ont pas de cour (9); en face de la Rue Royale, UN PONT MAGNIFIQUE (10) fut jeté sur la Loire ; et à l'opposé, sur l'autre rive, dans l'emplacement *des Tourelles* où jadis avait combattu JEANNE D'ARC, s'éleva la belle RUE DAUPHINE, qui devait être prolongée jusqu'au faubourg D'OLIVET, l'un des plus gracieux séjours que l'on puisse trouver en France, et où la nature étale le plus de merveilles. LES QUAIS furent alignés; UNE SALLE DE SPECTACLE provisoire (11) fut construite aux frais du DUC D'ORLÉANS, qui voulut donner une nouvelle preuve DES ENCOURAGEMENS qu'il se plaisait à accorder au Commerce orléanais, et témoigner son désir de faire travailler la Classe laborieuse, EN S'ASSOCIANT avec plusieurs Capitalistes pour faire construire et faire valoir cette immense FILATURE de coton que l'on admire sur les bords de la Loire, à l'une des extrémités de la Ville, et qui occupait un nombre considérable d'ouvriers (12). Enfin LES TRAVAUX DE LA CATHÉDRALE furent repris avec ardeur ; et son achèvement, que l'on regardait comme prochain, rendit indispensable l'Agrandissement de la Place qui règne devant sa Façade principale, et le Percement d'une nouvelle RUE pour y arriver. Mais ces nouveaux Embellissemens, *complément de ceux qui venaient d'avoir lieu,* furent seulement PROJETÉS alors ; et l'honneur DE TERMINER LA BASILIQUE DE SAINTE-CROIX, d'agrandir et régulariser SA PLACE, et d'ouvrir LA NOUVELLE RUE aboutissant à la Rue Royale, était réservé A D'AUTRES TEMPS ET A D'AUTRES MAGISTRATS (13).

En voyant élever à la fois tant de beaux Édifices, aligner leurs Quais, agrandir leurs Places, percer de nouvelles Rues, etc., LES ORLÉANAIS apprirent à connaître UNE NOUVELLE BRANCHE D'INDUSTRIE, que toutes celles qu'ils possédaient ne leur firent point suffisamment apprécier alors, que dans la suite ils négligèrent tout-à-fait, et qu'aujourd'hui TANT DE BESOINS appellent à renaître au sein de leur Ville!

Qui n'a entendu les vœux qu'on y forme de toutes parts pour LA DÉMOLITION DU VIEIL HÔTEL-DIEU, déparant, infectant le Centre de la Ville, et LA CONSTRUCTION D'UN NOUVEL HOSPICE, dont les fonds sont votés depuis plusieurs années (14)? Qui n'a connaissance DE L'ASSOCIATION formée POUR L'EXÉCUTION IMMÉDIATE de l'ouverture de la Rue de Bourbon et de l'agrandissement de la Place Sainte-Croix, et qui vient de renouveler SES PROPOSITIONS au Conseil Municipal (15)? Quel est l'Étranger qui, visitant ORLÉANS, n'a été surpris de n'y trouver ni MARCHÉS COUVERTS, ni FONTAINES PUBLIQUES (16)? Qui n'a été frappé d'étonnement en y voyant LA COMÉDIE jouée dans une Église, affermée au Directeur de Spectacle (17), et LA BOURSE tenue dans un Couvent dont le Commerce est locataire (18)? Après avoir remarqué avec plaisir les élégantes Maisons de Campagne parsemées autour de la Ville, et qui annoncent si bien l'approche d'une grande Cité, qui n'a été singulièrement désappointé, en parcourant ses Rues, de n'y trouver, à quelques exceptions près et bien rares, QUE DES MAISONS AUSSI INCOMMODES QUE MALSAINES, DANS LE PLUS MAUVAIS ÉTAT DE RÉPARATION TANT A L'INTÉRIEUR QU'A L'EXTÉRIEUR (19), et qu'on serait tenté de croire avoir été depuis long-temps condamnées à ne pouvoir jamais être ni réparées, ni reconstruites? Une telle vue ferait véritablement douter que l'on soit dans une Ville renommée par ses Richesses, son Commerce, et située seulement à une journée de la Capitale (20).

Mais l'étonnement s'accroît, lorsqu'après s'être entretenu avec les Habitans, on voit toutes les Classes de la Société, Propriétaires, Commerçans, Manufacturiers, déclarer unanimement que la Ville AURAIT TOUT A GAGNER A S'EMBELLIR; que tous les jours elle se voit privée D'UNE FOULE D'ÉTRANGERS, qui sont forcés d'aller chercher à BLOIS et à TOURS des Logemens que tant de motifs leur feraient désirer trouver à ORLÉANS (21); que LES FONDS EMPLOYÉS EN RÉPARATIONS ET CONSTRUCTIONS DES MAISONS ne pourraient jamais trouver un emploi plus sûr ni plus avantageux; qu'enfin LE SEUL PERCEMENT DE LA NOUVELLE RUE ET L'AGRANDISSEMENT DE LA PLACE SAINTE - CROIX procureraient de suite D'IMMENSES AVANTAGES à la population, en favorisant un grand nombre DE SPÉCULATIONS, en créant, dans la Ville et ses environs, DE NOUVELLES INDUSTRIES, en procurant l'Emplacement le plus convenable pour construire LES MAISONS ÉLÉGANTES ET COMMODES qui y manquent, et LES DIVERS ÉTABLISSEMENS PUBLICS ET PARTICULIERS QU'ON Y DÉSIRE, en mettant de grands capitaux en circulation, etc.

Qui donc, au milieu de tant de besoins et de tant de vœux si fortement exprimés, arrête depuis si long-temps l'essor DE L'INDUSTRIE IMMOBILIÈRE dans une ville où ses progrès seraient d'autant plus rapides, qu'elle compte un grand nombre d'Ouvriers de toutes classes; que les matières premières y arrivent en abondance, au moyen de communications faciles avec les Pays circonvoisins; que les Capitaux n'y sont pas rares, et qu'au besoin PARIS l'alimenterait aisément de tout ceux que pourrait réclamer l'exécution des Entreprises qu'on voudrait y former; qu'enfin on a la preuve la plus positive, que les Maisons nouvelles , DANS UN QUARTIER CENTRAL , ayant des débouchés convenables avec les autres Quartiers de la Ville , seraient AVANTAGEUSEMENT louées et vendues , aussitôt qu'achevées ?

Ne craignons pas de le proclamer : LES CAUSES qui , dans toutes les localités , s'opposent à la Prospérité publique , y paralysent les projets les plus utiles et les mieux conçus , découragent les efforts les plus persévérans , et finissent par ruiner également les Entreprises les plus sages et les Capitalistes qui y ont apporté leurs fonds, sont aussi CELLES qui , dans ORLÉANS, suspendent le mouvement DE L'INDUSTRIE IMMOBILIÈRE , enchaînent les autres branches de Commerce qui s'y rattachent et qui se développeraient avec elle , et plongent dans la plus affreuse misère la Classe la plus laborieuse et la plus digne d'intérêt. CES CAUSES , objet des plaintes les plus vives de la France entière , SONT LES VICES de notre législation et L'IMPUISSANCE de nos Magistrats municipaux , seuls et véritables ADMINISTRATEURS des biens des Communes , seuls JUGES et véritables ORGANES des vœux et des besoins des localités , et qui cependant , dans l'ordre de choses actuel , sont partout réduits à l'impossibilité de rien faire , de rien proposer , de rien entreprendre , et qui en effet ne font rien , ne proposent rien , n'entreprennent rien , au grand détriment de la fortune publique et particulière , et au grand mépris DE LEUR INSTITUTION PRIMITIVE.

Jetons un coup d'œil rapide SUR LA LÉGISLATION DES TRAVAUX PUBLICS ET NOTRE ORGANISATION MUNICIPALE , et prouvons , si cela était encore nécessaire , la vérité de nos assertions. Puisse la réalité d'un mal dont souffre la France entière être rendue

4

plus sensible par un exemple aussi frappant que l'état actuel de la VILLE D'ORLÉANS, et déterminer enfin le Gouvernement à s'occuper d'une LOI attendue si impatiemment, et qui déjà ne pourra manquer de produire un grand bien, du moment où elle consacrera LE PRINCIPE DE L'ÉLECTION, et celui de la libre ADMINISTRATION des Biens des Communes, sous la réserve d'une haute surveillance ; TUTELLE nécessaire, qui a existé de tout temps, mais qui ne doit pas dégénérer en véritable INTERDICTION, comme il est arrivé de nos jours ! Une telle LOI, ayant pour BASE ces deux grands principes, pourra bien ne pas donner de suite dans toutes les localités DES ADMINISTRATEURS INFAILLIBLES ; le bien ne renaîtra pas PAR ENCHANTEMENT, mais on sera dans la bonne voie, et l'expérience et le patriotisme feront le reste.

De la Législation

DES TRAVAUX PUBLICS

Et des Administrations Municipales.

Civitas non domibus, sed civibus constat.
CIC. de Legibus.

LES Edifices publics ont été, de tout temps, le noble luxe des Cités grandes, riches et populeuses. Les Souverains puissans, les Nations belliqueuses ont tour à tour laissé des traces de leur grandeur par des Monumens magnifiques plus ou moins durables. Les Grecs et les Romains, nos maîtres et nos modèles en poésie et en éloquence, le furent aussi en fait de constructions publiques et privées; malheureusement leur LÉGISLATION n'est pas parvenue jusqu'à nous, et c'est peut-être à cette circonstance qu'il faut attribuer notre manque de lois SUR LES TRAVAUX PUBLICS.

On comprend sous cette dénomination générale la Construction des Edifices publics, les Routes, Rues, Places, Canaux, Ponts, Ports, Bassins, Chemins de fer, etc.

Quelques anciens réglemens, les lois du 16 septembre 1807 et 8 mars 1810, le décret du 27 juillet 1807, et quelques dispositions éparses dans nos lois financières, notamment l'art. 88 de la Loi du 3 frimaire an 7, relative à la répartition de la contribution foncière, forment encore aujourd'hui toute notre LÉGISLATION sur cette matière.

Sous notre ancienne Monarchie, il était de principe que c'était L'ÉTAT qui faisait tout; mais ce système DE TOUT FAIRE ne tendait pas cependant à l'envahissement général des affaires, car alors la France jouissait des avantages D'UN RÉGIME MUNICIPAL, c'est-à-dire que chaque Ville, chaque Bourg, chaque Cité avaient le droit de s'ADMINISTRER, de statuer définitivement sur tout ce qui concernait LES INTÉRÊTS LOCAUX, Bienfait immense, dont la France, dans ces temps, avait été redevable à un autre PHILIPPE PREMIER. Ce droit était celui qui originairement régissait notre pays; nos premiers aïeux en avaient joui; les Romains et les Francs, leurs vainqueurs, qui l'avaient trouvé établi parmi eux, l'avaient respecté; et il ne s'était perdu qu'au milieu des désordres DE L'ANARCHIE FÉODALE. Pendant cette longue période de barbarie, où la force tenait lieu de tout, il n'y avait ni Nation, ni Lois, ni Magistrats; la Puissance Royale était avilie et méconnue; la France n'offrait qu'un vaste champ de bataille; le faible succombait sous le coup du plus fort; et chacun, les armes à la main, se faisait justice. Ceux qui avaient été préposés par le Roi au Gouvernement des Provinces, les gardèrent pour leur propre compte; ils dépouillèrent LES COMMUNES de leurs biens, leur arrachèrent leurs priviléges et se mirent à gouverner au gré de leurs caprices. Enfin, après plusieurs siècles d'humiliation pour le Trône et de désastres pour le Peuple, nos Rois bien conseillés proclamèrent l'AFFRANCHISSEMENT DES COMMU-

NES ET LE RETABLISSEMENT DES DROITS DE CITÉ dans leurs domaines, seule partie de leur royaume où ils avaient conservé quelque autorité. Le signal par eux donné du sein de la Capitale fut entendu dans toutes les Provinces ; partout les Usurpateurs Civils ou Religieux furent chassés ; la Liberté fut reconquise, et les Rois de France durent le recouvrement de leur Autorité dans leur Royaume à l'énergie et au courage DE LEURS SUJETS REDEVENUS CITOYENS.

En recouvrant le droit de disposer *de leurs personnes et de leurs biens*, les Habitans DÉLÉGUÈRENT à des Magistrats DE LEUR CHOIX les Pouvoirs nécessaires pour Administrer les Intérêts Communs et veiller à l'Ordre Public. L'établissement de la MILICE URBAINE date de cette époque. Son destin fut toujours d'être lié à celui de nos LIBERTÉS, qui sont en effet plus vieilles que les Constitutions de 1791 et de 1814.

Les MAGISTRATS nommés par les COMMUNES exerçaient UNE ADMINISTRATION COLLECTIVE : leurs attributions étaient trop nombreuses, les soins dont ils étaient chargés dans l'intérêt de la Cité, ou de la Communauté d'habitans, étaient trop importans pour qu'ils fussent remis entre les mains D'UN SEUL ADMINISTRATEUR : le Maire n'était que *primus inter pares ;* seul, il ne pouvait rien. Les Maires des Villes de 4,500 ames étaient nommés pour trois ans ; les Echevins pour deux ; les Conseillers pour six ; le Syndic-Receveur et le Secrétaire-Greffier pour trois. Ces officiers formaient avec les Notables UN CORPS D'ADMINISTRATEURS, dont tous les Membres concouraient au même but, mais qui se divisaient, quant aux fonctions, en trois parties bien distinctes, savoir : *le corps de ville, l'assemblée des notables,* et une troisième section qui comprenait *le procureur de la ville,* chargé DE REQUÉRIR tout ce qui était dans les intérêts des habitans ; *le receveur,* chargé de recevoir, payer et rendre compte; enfin *le greffier*, chargé de rédiger et conserver les actes de la Mairie. L'ADMINISTRATION MU-NICIPALE, ainsi composée, était tenue de se réunir AU MOINS DEUX FOIS PAR MOIS; et le corps des notables se réunissait en assemblée générale DEUX FOIS CHAQUE ANNÉE, et plus souvent s'il était néces-saire, *pour préparer le travail* du corps de ville et entendre sa dernière gestion (*). Toute Proposition utile, tout Projet tendant *à améliorer* le sort de la Contrée, ou ayant pour motif un objet d'Embellissement, pouvaient être présentés *en tous temps;* le Corps de ville et le Corps des Notables l'examinaient *sur-le-champ.* S'ils y faisaient droit, ils s'occupaient immédiatement de pour-voir *aux moyens d'exécution;* et les ressources manquaient rare-ment. Enfin, les Administrations municipales, *où se centrali-saient* tous les Droits et Intérêts *des localités*, avaient la faculté de vendre, échanger, acquérir, louer, défendre, taxer, recevoir et dépenser, en tout ce qui concernait LA COMMUNE-PROPRIÉ-TAIRE, plus ou moins riche, plus ou moins pourvue de ressources suivant qu'elle était plus ou moins bien administrée. Chaque citoyen, appelé à prendre part à l'Administration de la Cité ou de la Communauté d'habitans, était plus attaché au Pays natal et faisait du bien-être de sa contrée, de son amélioration progres-sive, de son embellissement, l'objet suivi de ses études, de ses méditations. C'est dans ce sentiment, si ordinaire à nos aïeux, que se trouve la cause de ces grandes Libéralités, de ces pieuses

---

(*) Voir le savant ouvrage intitulé : *Histoire critique du Pouvoir Municipal, de la condition des Cités, des Villes et des Bourgs, et de l'Administration comparée des Communes, en France, depuis l'origine de la Monarchie jusqu'à nos jours,* par M. C. Leber, chevalier de la Légion-d'Honneur, chef du bureau du Contentieux des Communes, au Ministère de l'Intérieur. Paris, chez Audot, éditeur, rue des Maçons-Sorbonne, N° 11, 1828.

Fondations dont LES COMMUNES reçurent tant de preuves en différens temps de citoyens de tous rangs et de toutes classes; et ces
Dons si fréquens, joints aux revenus communaux, permirent
d'élever ces Monumens utiles ou somptueux qui décorent plusieurs de nos Villes, enrichissent nos Campagnes, et sont pour
les hommes de notre siècle un si grand sujet d'étonnement. Tous
ces immenses Travaux d'utilité publique, qui ont fait la France
ce qu'elle est aujourd'hui, n'éprouvaient DANS L'EXÉCUTION aucune sorte de résistance de la part d'habitans qui AVAIENT CHOISI
eux-mêmes les Magistrats qui les ordonnaient, dont ils connais-
saient la capacité, le désintéressement, le dévouement à la chose
publique; et c'est ainsi que dans toutes les Localités, l'harmonie
la plus désirable régnait entre les Administrateurs et les Citoyens,
que les besoins étaient satisfaits aussitôt que connus, et que
l'Etat se trouvait déchargé, dans l'Administration générale du
Royaume, d'une foule de détails reportés sur les Communes *qui
y pourvoyaient directement et avec plus de promptitude et moins
de frais.*

L'Autorité, dans son propre intérêt, avait dans les Provinces
des Agens ou des Commissaires supérieurs. On les connut successivement sous les noms de *Missi dominici,* Gouverneurs,
Comtes ou Ducs, Grands-Baillifs royaux, Enquêteurs, Réfor-
mateurs-généraux, Commissaires départis, et enfin INTENDANS.
Ils avaient la haute Administration et la surveillance générale.
LES COMMUNES n'avaient besoin DE LEUR AUTORISATION que pour les
actes qui sortaient des bornes de l'administration habituelle. Ils
résidaient dans le Chef-lieu de la Province, et avaient des sub-
délégués dans les autres villes; et lorsqu'ils étaient tentés de
sortir de la ligne de leur mandat et d'entraver l'administration
municipale *dans son action,* ils étaient aussitôt maintenus par

des Parlemens indépendans qui s'opposaient toujours à leur empiètement avec courage. Tel était l'ordre des choses établi en 1789.

Lorsque l'Assemblée Constituante s'occupa de régler l'Administration d'après un mode uniforme pour toute la France, elle consacra UN RÉGIME qui remontait aux temps les plus reculés, et dont l'existence avait tant contribué à la prospérité et à la gloire de la Nation. Les Villes, Bourgs et Villages conservèrent leurs relations locales et leurs territoires sous le nom générique de *communes;* les autres Divisions Administratives furent fondues en Départemens, en Arrondissemens et en Cantons, et c'est encore la division actuelle. On adopta généralement le système d'ADMINISTRATIONS COLLECTIVES, dont les Membres furent laissés AU CHOIX des Citoyens ou d'Electeurs nommés par ceux-ci. Dans chaque Commune il y eut un Maire et des Officiers Municipaux qui, CONJOINTEMENT avec lui, furent chargés DE GÉRER les affaires de la Commune. Le nombre des Officiers Municipaux, y compris le Maire, varia de 3 à 21, selon l'importance de la Commune. Dans les municipalités composées *de trois membres,* l'exécution fut confiée *au Maire;* dans toutes les autres, *au tiers des Membres,* le Maire compris. Le reste des membres FORMA LE CONSEIL chargé spécialement de l'arrêté des Comptes, et tous durent DÉLIBÉRER ENSEMBLE sur l'exercice des Fonctions Municipales. Tel fut le système d'ADMINISTRATION MUNICIPALE établi par la Loi du 22 décembre 1789. Cette Loi trace clairement et avec franchise le cercle dans lequel doit s'exercer librement l'action des municipalités, et contient, sinon toutes les conditions, au moins celles qui principalement conviennent à une bonne loi municipale pour produire l'effet qu'on en attend.

Après quelques années d'existence et d'essais diversement interprétés aujourd'hui, mais qui ne peuvent être jugés sainement qu'en prenant en considération les circonstances extraordinaires d'alors et notre éducation constitutionnelle encore à son premier dégré à cette époque, LE RÉGIME MUNICIPAL amélioré, agrandi par l'Assemblée Constituante, alla périr au milieu DE L'ANARCHIE DÉMOCRATIQUE, comme jadis il avait été englouti au milieu DE L'ANARCHIE FÉODALE !....

La Loi du 28 Pluviose an 8 rétablit *la qualification* de Maire, qui avait été précédemment abolie; mais cette Loi fut loin de rétablir les *administrations communales*, et n'en fut jamais qu'un vain simulacre.

On sait qu'elle fut une conception de Bonaparte parvenu au Consulat, méditant son élévation à l'Empire, et cherchant à s'en préparer les voies, en concentrant dans ses mains toutes les branches de l'Administration. Jamais Loi n'a mieux rempli son objet, ni plus complétement atteint son but. Cette Loi de l'an 8 fut le principe de la toute - puissance du futur Empereur, et l'origine de ce fatal SYSTÈME DE CENTRALISATION si bien perfectionné depuis par les Décrets de l'Empire, et maintenu avec constance depuis 1814, quoique son abolition à cette époque fut une condition première du nouveau Règne et du nouvel ordre de choses.

Aux termes de cette Loi, toutes les affaires de toutes les provinces furent *évoquées à Paris, et réglées dans le Conseil du Chef de l'État ou par une Loi.* Rien ne fut laissé à la disposition des Habitans; tout dut être approuvé par le Ministre, depuis le Budget des Villes les plus opulentes jusqu'aux plus simples réparations à faire dans les hameaux les plus pauvres. L'Administration des Communes, ainsi transportée dans la Capitale,

5

n'exigea pas dans les Localités un bien grand nombre d'Administrateurs, aussi, cette Administration dans chaque commune,
quelle que fût son importance ou la complication de ses intérêts,
fut-elle remise à UN MAGISTRAT UNIQUE, le Maire. Un CONSEIL lui
fut donné, mais seulement POUR DÉLIBÉRER et ne pouvant s'assembler *qu'une fois dans l'année* pendant l'espace de 15 jours au
plus ; il ne put se réunir ensuite sous aucun prétexte, à moins
d'être convoqué par le Préfet; Maire et Membres du Conseil
Municipal, tout fut choisi par le Préfet, ou nommé par le Chef
de l'Etat; enfin la décision des affaires contentieuses concernant
l'exécution des Travaux publics ou la grande Voirie fut ôtée
aux juges ordinaires, et remise à *un conseil de Préfecture* composé de 3 ou 5 Membres, sous la Présidence du Préfet, qui y a
voix prépondérante.

Assurément rien ne ressemble moins aux dispositions d'UNE
LOI MUNICIPALE et à l'idée que nous nous en faisons, qu'une pa-
reille Loi : aussi cette Loi de l'an 8 n'eut-elle pas pour objet
réel *l'organisation d'administrations particulières* dans chaque
commune, mais de constituer *un système général de gouvernement*, devant trouver partout une obéissance passive, préparée
d'avance et tout obstacle aplani. La France, à cette époque,
venait d'éprouver le bouleversement le plus complet dont l'histoire fasse mention : Il s'agissait de faire sortir l'ordre du chaos,
de retrouver une place pour chaque chose, un élément pour
chaque individu. Bonaparte, que tous les partis venaient d'ac-
cueillir avec enthousiasme, et qui était l'espoir de tous, établit
UN SYSTÈME tel que sa tête puissante le concevait et pouvait l'exécuter, système qui a pour principe de faire tout découler d'une
volonté forte, active, unique, placée à la sommité la plus
élevée de l'Administration, et qui partant de là pour être succes-

sivement transmise à une foule d'agens, en suivant la hiérar-
chie administrative, va se faire sentir sur tous les points, à
toutes les extrémités, et y porter l'ordre et le commandement.
Ce système réussit merveilleusement à son auteur; il mit le
sceptre dans sa main et toute l'Administration dans son Conseil :
mais maintenu, *au-delà du moment* qui l'avait vu naître, et
pour lequel il avait été créé, il produisit sur le reste de la France
les résultats les plus déplorables, en détruisant l'esprit public
dans toutes les Localités, en y réduisant les capacités au rôle le
plus nul, en transformant nos Magistrats en simples commis, et
nos Députés en Solliciteurs poursuivant auprès des Ministres pendant des années entières une amélioration locale et la recevant
comme une grâce. Bientôt *sous un tel régime,* on vit toutes nos
Provinces dépérir, toute amélioration y devenir impossible,
toute création nouvelle y être considérée comme une chimère
par suite des difficultés sans nombre que son exécution allait
exiger. LA BUREAUCRATIE, née de la CENTRALISATION, entrava tout,
et surchargea l'Administration de détails rebutans, de frais oné-
reux et de lenteurs interminables. Enfin, NOS COMMUNES dé-
laissées, réduites à former des vœux impuissans, se virent
non-seulement privées de la gestion de leurs biens, mais furent
encore spoliées de leurs ressources les plus sacrées. Un seul
fait démontrera jusqu'à quel point on abusa de leur faiblesse.
Soixante-dix millions qui leur appartiennent ont été versés
au Trésor par Ordre Supérieur depuis bien des années, sans
qu'on ait jamais pu encore en faire opérer *la restitution.* Sous
un tel joug blessant de tous côtés, qu'attendre de nos Provinces?
Nos Magistrats isolés, sans aucune espèce de crédit, découragés
de leur propre impuissance, n'apportent nul zèle à s'occuper des
besoins les plus vifs et encore moins à seconder ce qui serait
tenté par l'Industrie particulière ou l'Esprit d'Association : tous

les efforts échouent contre tant d'obstacles réunis; et la plupart de nos Villes, surchargées d'une population sans ouvrage, embarrassées de ce qui devrait être pour elles une cause de prospérité, n'offrent que le tableau de la misère la plus dégradante. Un tel état de choses est l'accusation la plus forte contre le système d'administration actuelle, et sollicite le remède le plus prompt, sous peine de nous voir bientôt conduits par lui à une ruine complète et générale.

Toutes nos Provinces périssent FAUTE D'ACTION....! rendez-leur LE PRINCIPE DE VIE....! et la France, avec les nombreux élémens de prospérité qu'elle renferme, arrivera au plus haut degré de grandeur et de fortune.

CE PRINCIPE DE VIE qu'il s'agit de leur rendre, nous le connaissons tous, et il n'est personne qui ne l'invoque chaque jour. Oui, ce n'est qu'avec le secours du RÉGIME COMMUNAL que nous pourrons sortir des voies de l'administration actuelle qui en occupe la place. Le souvenir du bien opéré par nos anciens Magistrats, n'est-il pas gravé dans toutes les mémoires et leur éloge écrit dans dans tous nos livres? (22) Oui, ce n'est qu'avec des Magistrats *choisis par les habitans*, que les Intérêts des Localités seront réellement représentés, que leurs vœux pourront être écoutés et leurs besoins satisfaits. Alors tant d'améliorations projetées pourront s'effectuer; nos Villes reprendront le cours de leurs utiles Travaux; les Entreprises commencées ne craindront plus d'être interrompues à chaque instant; les Capitalistes n'hésiteront plus à y verser leurs fonds; on s'intéressera davantage au sort de la Contrée ; l'amour du Pays se réveillera dans les cœurs ; les Dignités Administratives seront l'objet d'une noble émulation : et c'est alors véritablement que nous pourrons espérer voir renaître parmi nous L'ESPRIT DE CITÉ, et que la qualification de CITOYEN ne sera plus UN VAIN TITRE !

UN AUTRE BIENFAIT est non moins vivement sollicité par nos Provinces et est attendu avec autant de confiance du Nouvel Ordre de choses.

Pour que les Administrations Municipales dirigées par des Magistrats *nommés par les habitans* puissent opérer prompte-ment tout le bien réclamé *dans chaque localité,* il importe qu'elles soient SECONDÉES PAR NOS LOIS....! or, ce que nous possédons DE LÉGISLATION SUR LES TRAVAUX PUBLICS peut-il réellement atteindre ce but? Là encore la main d'un sage Législateur est nécessaire ; là encore plus d'un préjugés sont à vaincre pour ÉTABLIR UN RÉGIME EN HARMONIE AVEC LES BESOINS DU MOMENT ET LES LUMIÈRES DU SIÈCLE (23). Que l'on n'hésite pas à accorder tout ce que l'expé-rience réclame en améliorations de ce genre et un grand problème sera résolu; l'Etat PERCEVRA plus et les Constructeurs PAIERONT MOINS ! Du travail.... tel est le cri du jour ! Nos Provinces, où de-puis si long-temps *on n'a rien fait*, sont prêtes à fournir à la classe ouvrière autant de travaux qu'on pourra en vouloir. Qu'on leur laisse tout pouvoir d'agir en leur restituant leur organisation pri-mitive ; qu'on rassure en même temps la confiance générale en refondant en UNE LOI CLAIRE ET PRÉCISE toute les dispositions épar-ses et incohérentes qui régissent encore LES TRAVAUX PUBLICS ; qu'on ajoute à cette LOI toutes les dispositions nouvelles dont on a reconnu la nécessité, et le Travail de lui-même naîtra sous les pas ; et dans toute notre belle France les bras pourront à peine suffire aux développemens de l'INDUSTRIE IMMOBILIÈRE dont rien désormais ne saura plus arrêter l'essor, puisque Magistrats, Législateurs, Souverain, tous ÉLUS par la nation, tous agissant dans un même esprit, tous concourrant au même but, présenteront dans tous les rangs de l'ordre social un système d'harmonie et d'ensemble tout puissant pour produire le bien, et sans force pour faire le mal.

Notes.

NOTES.

(1) *Rendues chaque jour plus étroites par l'avidité des gens du fisc et le fléau des guerres civiles*, page 10.

Vers le onzième ou le douzième siècle, les principaux seigneurs, qui donnaient en fiefs une grande partie de leurs possessions pour se procurer des services militaires, attachèrent des revenus au droit de Voirie, et le transmirent à charge de foi et hommage... c'est ainsi que dans la plupart des villes la Voirie fut inféodée : les droits utiles qui y étaient attachés se percevaient au profit du Seigneur-Voyer, et la justice, distincte de celle du Prévôt, se rendait par les officiers seigneuriaux. On conçoit qu'un tel système dirigé vers un but purement fiscal, loin de protéger les intérêts publics et privés, tendait au contraire à l'arbitraire le plus absolu : *de là les permissions de bâtir accordées sans aucune règle que le caprice ou l'intérêt du Voyer ; de là l'irrégularité, l'insuffisance de largeur et l'insalubrité d'un très-grand nombre de rues dans les villes les plus considérables du royaume, et principalement dans les plus anciennes.*

(*Recueil méthodique et raisonné des lois et réglement sur la Voirie, les alignemens et la police des constructions, par H. J. B. Davenne, sous-chef au Ministère de l'intérieur*, 1824.)

(2) *En ont augmenté la valeur à un point qui surpasse toutes les prévisions imaginables*, page 14.

En Angleterre, toute la noblesse cherche avec empressement l'occasion de faire partie des grandes associations ayant pour objet la construction des canaux, l'embellissement des villes, etc. C'est à cet usage, si rare parmi nous, que les Anglais ont dû la formation de cette classe nombreuse d'*administrateurs éclairés, spéciaux et supérieurs*, qui ont fondé la prospérité nationale et qui en étendent chaque année l'influence. Appelés aux chambres par la reconnaissance du pays ou du gouvernement, ils portent dans les discussions les tributs *de leur expérience* et leur présence au Parlement assure *des protecteurs dévoués aux intérêts de l'industrie.*

6

Le 20ᵉ volume de la *Revue Britannique*, analysée par un des Rédacteurs les plus spirituels et les plus instruits du *Journal des Débats* (4 mars 1829), présente des documens infiniment curieux sur l'état de *l'industrie immobilière* en Angleterre comparée à la nôtre. Nous en avons extrait les passages suivans :

« Le Parlement anglais passe chaque année un grand nombre de *bills* particuliers : c'est ainsi qu'on appelle *les décisions* par lesquelles le Parlement autorise *les sociétés agricoles, industrielles et commerciales*. Ces sociétés, en Angleterre, *font bien plus de choses* qu'elles ne commencent à en faire en France, et leurs travaux sont fort nombreux et fort divers. Non-seulement elles entreprennent des chemins de fer et des canaux, mais il y a aussi *des compagnies pour l'embellissement des villes, pour la construction des halles, des marchés, des églises*, etc. C'est l'intérêt et l'industrie particulière qui se chargent de tous ces travaux publics qu'en France *nous remettons au gouvernement*. Le Parlement britannique se réserve seulement le droit de leur accorder ou de leur refuser sa sanction, et il ne la refuse que lorsqu'il craint que ces Entreprises ne nuisent au public. »

» Le *Bulletin des lois* donne la Liste des *autorisations* diverses accordées par le Conseil d'État, de même que chaque année le Parlement anglais publie la Liste des pétitions et *des bills* particuliers, c'est-à-dire *des autorisations demandées* par l'industrie, et *des autorisations accordées*. La *Revue Britannique* a tiré du *London Magazine* un article fort curieux *sur l'activité industrielle* en Angleterre en 1828, où cette liste des *bills* particuliers est examinée avec grand soin et comparée aux listes des années précédentes. Nous avons essayé de faire *le même travail* avec le *Bulletin des Lois* et de comparer ainsi l'activité industrielle *des deux pays*. De notre côté, ce travail est fort incomplet, car nous n'avons pas pu nous procurer tous les renseignemens que nous aurions voulu.

» Donnons d'abord, d'après la *Revue Britannique*, le tableau des *bills* particuliers passés en 1825, 1826 et 1827, et divisés ainsi qu'il suit. Nous écartons l'année 1828, ne pouvant pas, faute de renseignemens suffisans, quant à cette année, savoir à quoi nous en tenir sur le mouvement de l'industrie en France.

Bills passés.	1825	1826	1827.
» Agriculture.	28	24	26
» Compagnies.	11	6	5
» Embellissement des villes et districts.	73	47	39
» Communications intérieures.	108	83	63
» Navigation.	15	4	7
TOTAL.	235	164	140

» On voit, d'après ce tableau, que l'activité industrielle semble avoir été diminuée depuis 1825 ; mais l'année 1825 a été, en Angleterre, une année de fièvre commer-

» ciale, suivie, comme il fallait s'y attendre, de faiblesse et d'abattement. Pendant
» l'année 1828, dont nous ne nous occupons pas, faute de pouvoir faire comparaison
» avec la France, la prospérité commerciale a paru renaître en Angleterre.

» Venons maintenant à la France, et commençons par *l'agriculture*. En France, c'est
» à l'administration des forêts que se demandent les *autorisations* de défrichement.
» Voici, par hectares, le tableau des défrichemens demandés, accordés, refusés en 1825,
» 1826, 1827.

	» Demandés	Accordés	Refusés.
	hect.	hect.	hect.
» 1825.	2,968	1,038	1,930
» 1826.	2,441	1,353	1,086
» 1827.	1,852	808	1,046

» Pour comparer exactement nos défrichemens avec les défrichemens autorisés en
» Angleterre par le Parlement, il faudrait savoir de quel nombre de mesures de terre il
» s'agissait dans les défrichemens autorisés en Angleterre. Cependant il y a un fait qui
» se peut présumer aisément, c'est que le Parlement anglais, soit inattention et insou-
» ciance, soit faveur pour l'industrie et pour l'agriculture, est plus aisé que notre ad-
» ministration des forêts à accorder les défrichemens. En effet, chez nous, le nombre
» des demandes excède presque toujours le nombre des autorisations. En Angleterre,
» dans l'année 1828, sur *24 pétitions* de défrichemens, il y en a eu 17 accordées,
» 7 seulement refusées ; et en France, pendant cette même année, sur 2948 hectares
» qu'on a demandé à défricher, il n'en a été accordé que 1,119 ; il y en a eu par consé-
» quent 1,829 de refusés.

» Passons maintenant AUX COMPAGNIES. En Angleterre, ces compagnies sont des *ban-*
» *ques*, des *sociétés* pour l'exploitation des mines, du gaz hydrogène, etc. Il y en a eu
» 22 de ce genre pendant les années 1825, 1826 et 1827.

» *En France*, nous n'avons pas de *banques de province*. Quant aux entreprises in-
» dustrielles, elles sont chez nous beaucoup moins importantes, et *le Bulletin des lois*
» les comprend sous la dénomination *d'usines*, titre qui désigne *une foule de petites*
» *fabriques*. Voici, pendant les trois années 1825, 1826, 1827, le nombre exact *d'en-*
» *treprises* et *d'exploitations* qui se rapprochent *des compagnies* d'Angleterre :

» 1 Bourse de commerce;
» 11 conseils de prud'hommes;
» Ces établissemens peuvent témoigner de l'activité du commerce et de l'industrie :
» 47 concessions de mines ;
» 606 usines de toutes sortes, dont 148 fabriques insalubres ;
» 1 Société contre l'incendie ;
» 147 brevets d'invention, de perfectionnement et d'importation.

» Le nombre même des concessions *de mines*, et surtout des autorisations *d'usines*,

» indique qu'il ne s'agit pas ici *de vastes entreprises et de compagnies puissantes* ,
» mais de petites *exploitations.*

» EMBELLISSEMENT DANS LES VILLES ET DISTRICTS. — Ces travaux , dont se charge en
» Angleterre *l'industrie particulière* , se font en France *par l'administration.* Il est bon
» cependant de faire la comparaison. Il y a eu pendant nos trois années, en Angleterre,
» 159 *entreprises* de cette sorte. En France , 109 *divisés ainsi qu'il suit :*
» 45 abattoirs ;
» 9 départemens autorisés à s'imposer extraordinairement pour constructions de
» bâtimens *et réparations de pavé* ;
» 52 ouvertures de routes municipales et départementales ;
» 1 construction d'un entrepôt réel à Bordeaux ;
» 1 hôtel de bourse ;
» 1 école vétérinaire.

» COMMUNICATIONS INTÉRIEURES. — Ces travaux, en Angleterre, embrassent les routes
» que nous avons portées à l'autre article, les canaux, les canalisations des rivières,
» les chemins de fer. Nous trouvons, pendant les trois années en Angleterre, 254 *en-*
» *treprises* de cette sorte ; en France , 26, dont 7 canaux ou canalisations de rivières
» et 19 ponts.

» J'ajoute , pour faire *compensation* à cette disproportion entre 26 et 254 , que la
» France a eu pendant ces années 98 institutions DE MAJORATS et 465 CONGRÉGATIONS.

» Finissons ici ce parallèle fait de notre côté avec les tables du *Bulletin des lois*, et
» quelques autres renseignemens. Quand on résume les idées qu'il suggère , on est
» surtout frappé de la différence de taille, en quelque sorte, qu'il y a *entre notre indus-*
» *trie et celle de l'Angleterre.* L'industrie anglaise semble avoir atteint la plus haute
» stature humaine et le plus grand degré de force possible. Défrichemens , exploitations
» de mines, canaux, embellissemens publics, *tout se fait par l'industrie particulière ;*
» mais cette industrie *se coalise en sociétés puissantes* pour frapper de grands coups et
» exécuter de grandes choses. La nôtre , *qui croît et s'élève peu à peu* , n'ose pas encore
» prendre à sa charge *les travaux publics* et les laisse faire au gouvernement , QUI LES
» ACHÈVE AVEC GRANDE PERTE DE TEMPS ET A GRANDS FRAIS ; ce qui en définitive *retombe*
» *sur l'industrie et sur la propriété*, *forcées de suffire à ces dépenses.*

» Quant aux travaux particuliers, ceux qu'entreprend l'industrie n'ont guère encore
» d'importance ni de grandeur : *l'esprit d'association qui seul fait faire les grandes*
» *choses* n'est pas encore assez répandu en France. C'est à l'exemple de l'Angleterre
» à nous instruire. Aussi bien nous commençons déjà, et quand nous examinerons sous
» ce rapport les tables *du Bulletin des lois* de 1828 , nous trouverons des témoignages
» sensibles d'amélioration. »

ST.-M.

On sait que pendant un séjour que *Canova* fit en Angleterre , quelqu'un proposa au célèbre artiste italien de lui montrer d'abord *le plus beau pont* construit par des particuliers, et ensuite le *plus beau pont* construit par le gouvernement. En conséquence, on commença par lui faire voir *le pont de Waterloo*. A la vue de ce monument , *Canova* s'écria : Si c'est là l'ouvrage *des particuliers* , quelle magnificence régnera donc dans l'ouvrage *du gouvernement!* Mais il fut bien détrompé quand on le mena voir *le petit pont de bois* sur le canal du parc de Saint-James. *Canova* ignorait qu'en Angleterre tous les monumens d'utilité publique sont élevés aux frais des particuliers ou par des spéculateurs.

Un Ingénieur français étant en Angleterre fut invité à dîner chez un Ingénieur anglais; la société était nombreuse. Au dessert, l'Anglais développa le plan d'un chemin de fer, et *présenta le tableau de la recette et du produit.* Les fonds furent faits immédiatement. L'année suivante , l'Ingénieur français étant retourné en Angleterre, vit son hôte et lui demanda *s'il avait pu obtenir les autorisations nécessaires* pour faire son chemin. L'Anglais étonné répondit : « Mon chemin ? il est en pleine activité ; allons le voir. »

Tous ces faits prouvent que la prospérité de l'Angleterre tient en grande partie au patriotisme de ses habitans; sentiment qui ne règne pas moins dans la classe élevée que dans celle intermédiaire , les rapproche l'une et l'autre *dans un même intérêt ,* et contribue à accroître la fortune *de toutes les deux.*

(3) *Voilà le tableau que présente l'industrie immobilière recevant, dans Paris, des développemens dignes des ressources et de l'activité de la capitale de la France: page* 15.

Il résulte d'un RAPPORT fait par M. *Daubanton,* l'un des deux inspecteurs généraux de la Voirie de Paris , à M. le préfet de la Seine , que l'on comptait à Paris en 1804 , 23,086 maisons, et en 1817, 26,801. Depuis cette époque jusqu'en 1828 , on en a bâti 2,666, ce qui forme en tout 29,467. Ce chiffre n'exprime encore que la totalité des maisons *ayant face sur la voie publique,* parce que ce sont là les seules pour lesquelles on ait besoin de *l'autorisation administrative.*

Mais il y a, de plus, *toutes les constructions* qui ont eu lieu *dans l'intérieur des habitations particulières* les exhaussemens , les agrandissemens dont il faut tenir compte, et que M. *Daubanton* estime équivaloir à 692 maisons nouvelles.

Ainsi Paris peut être regardé aujourd'hui comme représentant un ensemble de 29,472 maisons bâties sur une surface de 34 millions de mètres carrés ou d'une lieue carrée (*). Les maisons nouvelles ont en général 14 mètres de façade , 12 de profon-

(*) Londres renferme plus de 164,000 maisons et 1,274,000 habitans en y comprenant le comté de Middelesex que l'on peut regarder comme sa banlieue. Mais l'enceinte de Londres proprement dite, Westminster compris, n'en contient que 35,000.

deur et 18 de hauteur. En tenant compte des épaisseurs de murs, d'escaliers, etc., on trouve qu'il reste 2,400 mètres pieds cubes pour les parties destinées *à l'habitation*. *M. Daubanton* fait observer (et c'était la partie principale de son travail, son rapport ayant pour objet de *faire connaître les causes de la défaveur dans laquelle sont tombées à Paris les Entreprises de Construction*) que beaucoup *de ces nouvelles maisons* ont été construites avec *une précipitation* qui n'a pas toujours permis de faire ce que la raison et la prudence commandaient. En cela comme en tant d'autres choses, dit-il, *l'avidité, l'irréflexion, la sottise, ont tout gâté*. Où il convenait de faire des logemens pour la classe moyenne, on a fait des appartemens d'un prix trop élevé; on a mis trop de recherche, trop de luxe dans tous les détails des nouvelles constructions.

Enfin, ajoute-t-il, il est une autre cause qui a influé singulièrement sur ces opérations, *la hausse des matériaux et de la main-d'œuvre*; et il termine en reconnaissant que le PRINCIPE en lui-même ÉTAIT BON, que ce n'est pas lui qui a tort, mais CEUX QUI L'ONT APPLIQUÉ; que ce genre d'opérations a produit de grandes fortunes particulières, qu'il h enrichi le commerce, etc.

A ce témoignage de M. *Daubanton*, nous joindrons celui de M. le Préfet de la Seine, qui fut presque toujours l'instrument du bien opéré dans la capitale, et qui avait consacré à son embellissement et au bien-être de ses habitans tous ses momens et toutes ses pensées.

« Le zèle des particuliers pour embellir la ville et multiplier ses communications a » été fort remarquable dans ces dernières années. Vous avez vu s'ouvrir sur tous les » points des quartiers neufs avec une ardeur incroyable. Ce zèle *influa beaucoup sur* » *la valeur des propriétés foncières qui fut tout à coup doublée, décuplée, poussée enfin* » *hors de toute proportion*. Sur quelques points de la capitale, l'augmentation de la valeur » du sol a été vraiment extraordinaire. Des terrains achetés en 1807 à raison de 5 fr. » la toise dans le quartier Rivoli ont été payés en 1823 et 1824 jusqu'à 3,000 fr. la » toise, c'est-à-dire 600 fois plus cher. D'autres exemples pourraient être cités. Il y a » eu beaucoup de terrains payés dans ces dernières années, cent, deux cents à trois » cents fois plus qu'ils n'avaient coûté vingt ans auparavant. Le prix des matériaux de » construction, le prix de la main-d'œuvre s'éleva à un taux presque aussi exagéré, et » les ouvriers et les matériaux manquèrent à la fois aux constructeurs. *La ville de Paris* » *a recueilli de ces entreprises des avantages positifs et de plus d'un genre*. Si de grandes » propriétés ont été détruites, si de beaux jardins, de grands espaces ont été recou- » verts de constructions, par compensation, on a créé *des communications* importantes » dont *l'utilité* sera vivement sentie par la suite. Ces quartiers neufs ont été ornés de » Places, de Carrefours, de Fontaines; les Rues bordées de Trottoirs s'y développent » sur *un alignement* qui flatte l'œil *et dans une largeur* qui facilite la circulation; les » maisons enfin plus commodément distribuées, plus aérées que les anciennes, y sont

» mieux appropriées à nos goûts, et plus conformes à nos besoins. D'un autre côté,
» toutes ces mutations de propriétés, ce concours d'ouvriers, ces immenses approvision-
» nemens de matériaux, cette élévation considérable des prix des journées sont autant
» de CAUSES D'AUGMENTATION DES REVENUS MUNICIPAUX. (EXPOSÉ du Préfet de la Seine AU
» CONSEIL MUNICIPAL de la ville de Paris, en lui présentant LES PROPOSITIONS de Recettes et
» Dépenses pour le budjet de 1828.)

» J'ai maintenant à vous entretenir, Messieurs, des améliorations qui excitent tou-
» jours à un si haut point l'intérêt des habitans. Vous aurez à vous féliciter de retrouver
» encore dans ce service le concours efficace des particuliers. Je crois devoir mettre
» d'abord sous vos yeux un Relevé assez curieux des quantités de terrains réunis à la
» voie publique par suite de reconstructions, pendant un intervalle de douze ans, sans
» y comprendre aucune des grandes opérations faites par l'administration ou par des
» compagnies; ce sont les simples retranchemens faits çà et là, à mesure que les parti-
» culiers, forcés par la vétusté de leurs maisons ou déterminés par d'autres considéra-
» tions, ont demandé l'Alignement pour bâtir.

Tableau des terrains réunis à la voie publique depuis 1816 jusqu'en 1827.

» 1816.	. . . .	418	74 mètres.
» 1817.	. . . .	610	42
» 1818.	. . . .	671	57
» 1819.	. . . .	1,016	13
» 1820.	. . . .	240	70
» 1821.	. . . .	585	93
» 1822.	. . . .	1,648	55
» 1823.	. . . .	1,513	92
» 1824.	. . . .	5,105	74
» 1825.	. . . .	3,644	42
» 1826.	. . . .	7,762	54
» 1827.	. . . .	1,473	65 m.
	Total. . .	24,692	31

» Il résulte de ce tableau, Messieurs, que pendant les six premières années de
» 1816 à 1821 *la voie publique n'a acquis que* 3,542 *mètres*, mais que dans la dernière
» période de 1821 à 1827, *elle en a acquis* 21,148 *mètres*, c'est-à-dire six fois plus:
» *preuve nouvelle de l'activité des travaux pendant les six dernières années*, etc. »
(EXPOSÉ du Préfet de la Seine AU CONSEIL MUNICIPAL de la ville de Paris, en lui présentant LES PROPOSITIONS de Recettes et Dépenses pour le budjet de 1829.)

(4) *Et trop souvent le manque de connaissances administratives chez les administrateurs,*
page 17.

L'Administration est aussi ancienne que les Gouvernemens, puisqu'il a toujours été impossible de Gouverner sans Administrer ; *mais la science de l'administration proprement dite est nouvelle*, c'est-à-dire qu'avant la révolution elle n'avait jamais fait dans son ensemble l'objet des Écrits ni même des Études des Publicistes. C'est pour cette raison que nous avons cru qu'il serait utile de retracer ici *les principes* énoncés par les auteurs même des Lois administratives qui nous régissent aujourd'hui. Il est utile de reconnaître d'abord le caractère général de la jurisprudence administrative. Nous ajouterons quelques mots sur *la nécessité d'en répandre l'exacte connaissance.*

On sent qu'une bonne Législation Administrative MANQUE à l'harmonie des pouvoirs et *au complément de nos libertés civiles.* C'est un besoin impérieux, c'est un droit des citoyens, c'est un devoir du gouvernement dans la monarchie constitutionnelle. S'il y a donc aujourd'hui un objet qui, par son importance et par l'universalité de ses effets, appelle la sollicitude du législateur, c'est celui-ci.

Mais une telle entreprise ne peut s'exécuter qu'avec des précautions infinies ; la refonte de cette législation sera surtout l'ouvrage du temps.

Dans cette position, une bonne jurisprudence administrative peut suppléer *aux vices et aux lacunes de notre Code administratif*, autant qu'il est possible à la sagesse des juges, toujours un peu mobile et incertaine, de suppléer à la sagesse des lois. Mais une jurisprudence, quelque bonne qu'elle soit, ne peut produire cet effet si elle est ignorée. Or la jurisprudence du Conseil d'État était inconnue aux anciens citoyens, soit parce que les séances du Conseil d'État se tiennent à huit clos, soit parce qu'aucun Recueil n'en contenait les Décisions, à l'exception de quelques Décrets ou Ordonnances jetés de loin en loin dans le chaos du *Bulletin des lois.*

Elle était également INCONNUE aux Préfets, aux Conseils de Préfecture, aux Administrations générales et aux Ministres, parce qu'il ne leur est habituellement transmis d'autres Ordonnances que celles qui confirment ou annullent *leurs décisions* sur l'appel des Parties et dont le Roi leur confie l'exécution. Ils ignoraient, par conséquent, le système et l'ensemble des Décrets et Ordonnances qui forment et complètent la jurisprudence de chaque matière ; et, dans cette ignorance, ils rendaient une foule de Décisions involontairement *erronées* et souvent *contradictoires*, qui entraînaient *beaucoup de frais pour les parties, de complications inutiles dans les opérations administratives, de lenteurs quelquefois irréparables et toujours fâcheuses dans la distribution de cette partie de la justice publique.*

Les graves inconvéniens que nous venons de signaler faisaient sentir avec force la double nécessité de bien ordonner la Jurisprudence Administrative et de la faire connaître.

CE QUE L'ADMINISTRATION PUBLIQUE N'AVAIT PAS ENCORE EU LA PENSÉE OU LE TEMPS DE FAIRE, LES EFFORTS PARTICULIERS L'ONT TENTÉ...

Enfin M. DE CORMENIN, Maître des requêtes au Conseil d'État, qui avait déjà publié, sur le Corps dont il est membre, un Ouvrage très-remarquable, et qui, par sa position, est plus que tout autre en état d'exposer la Jurisprudence Administrative et d'en indiquer l'esprit, a, dans ses QUESTIONS DE DROIT ADMINISTRATIF, parcouru et développé les parties les plus importantes DE CETTE SCIENCE NOUVELLE. Son Ouvrage, écrit d'un style ferme, élégant et d'une grande clarté, atteste un profond savoir ; et il suppose non-seulement les lumières d'un habile Jurisconsulte, mais encore celles d'un Homme d'État consommé. (*Des Tribunaux administratifs, ou Introduction à l'étude de la Jurisprudence administrative, contenant un examen critique de l'organisation de la justice administrative et quelques vues d'amélioration*, par L. A. MACAREL, Maître des requêtes.)

(5) *Et leur tenir lieu de la part héréditaire dans la succession de nos Rois*, page 20.

L'Apanage d'Orléans fut institué par Philippe de Valois en faveur de son second fils. Plusieurs princes de la Maison de France en ont joui successivement à ce titre. La forêt d'Orléans, la plus grande du Royaume, appartient en presque totalité au Prince Apanagiste. Nous joignons ici la Table Chronologique des Ducs D'ORLÉANS, qui se trouve dans *les Essais historiques de Beauvais de Préau*, en continuant cette Table jusqu'à nos jours.

Table chronologique des Ducs d'Orléans.

14ᵉ SIÈCLE.	Femmes.
PHILIPPE Iᵉʳ, fils puîné du Roi Philippe de Valois.. 1375	ISABELLE DE FRANCE........... 1409
Femme.	BONNE D'ARMAGNAC.............
BLANCHE DE FRANCE............ 1393	MARIE DE CLÈVES.............. 1487
15ᵉ SIÈCLE.	LOUIS II, fils du précédent, depuis Roi
LOUIS Iᵉʳ, second fils du roi Charles V.......................... 1407	sous le nom de Louis XII.......... 1498
Femme.	*Femmes.*
VALENTINE DE MILAN........... 1408	JEANNE DE FRANCE............. 1504
	ANNE DE BRETAGNE... 1514
CHARLES Iᵉʳ fils du précédent....... 1465	MARIE D'ANGLETERRE.......... 1534

7

16e SIÈCLE.

HENRI Ier du nom, fils du roi François Ier depuis roi sous le nom de Henri II...................... 1536

Femme.

CATHERINE DE MÉDICIS......... 1589

CHARLES II, frère du précédent..... 1545

LOUIS III, fils de Henri I........... 1550

CHARLES - MAXIMILIEN, frère du précédent, depuis Roi sous le nom de Charles IX.................... 1560

Femme.

ELISABETH D'AUTRICHE......... 1592

HENRI II, frère du précédent, depuis Roi sous le nom de Henri III....... 1568

Femmes.

LOUISE DE LORRAINE........... 1601

CATHERINE DE MÉDICIS, *usufruitière du Duché d'Orléans*........... 1589

17e SIÈCLE.

N.... DE FRANCE, fils de Henri IV. 1611

JEAN - BAPTISTE GASTON DE FRANCE, frère du précédent....... 1660

Femmes.

MARIE DE BOURBON............ 1627

MARGUERITE DE LORRAINE..... 1693

18e SIÈCLE.

PHILIPPE II, DE FRANCE, frère de Louis XIV.................... 1701

Femmes.

HENRIETTE D'ANGLETERRE..... 1670

CHARLOTTE ELISABETH DE BAVIÈRE....................... 1722

PHILIPPE III, fils du précédent, Régent du Royaume................ 1723

Femme.

MARIE FRANÇOISE DE BOURBON.. 17..

LOUIS IV, fils du précédent......... 1752

Femme.

AUGUSTE-MARIE-JEANNE DE BADE-BADEN...... 1726

LOUIS-PHILIPPE, Ier du nom, fils du précédent...................... 17..

Femme.

HENRIETTE DE CONTI.. ....

LOUIS-PHILIPPE II, du nom, fils du précédent...................... 1785

Femme

LOUISE DE PENTHIÈVRE........

LOUIS-PHILIPPE, IIIe du nom, fils du précédent.. 1793

Depuis Roi des Français sous le nom de Louis-Philippe Ier.

Femme

MARIE-AMÉLIE, Princesse des Deux-Siciles...................... 1809

19e SIÈCLE.

FERDINAND - PHILIPPE - LOUIS-CHARLES-HENRI-ROSELIN d'ORLEANS, fils du précédent, PRINCE-ROYAL, né à Palerme le 3 sept. 1810.

Par Ordonnance royale du 13 août 1830:

A l'avenir le Sceau de l'Etat représentera LES ARMES D'ORLÉANS, surmontées de la Couronne fermée avec le Sceptre et la Main de Justice en sautoir et des Drapeaux tricolores derrière l'écusson, et pour exergue : LOUIS-PHILIPPE Ier, ROI DES FRANÇAIS.

Par Ordonnance du même jour les princes et princesses continueront à porter *le nom et les armes d'Orléans*, et le Duc de Chartres prendra le titre de DUC D'ORLÉANS (*Moniteur 14 et 15 août 1830*).

(6) *Depuis roi sous le nom de Louis XII surnommé le Père du peuple, page* 20.

« Sous le règne de Philippe de Valois , Orléans n'était pas encore d'une grande éten-
» due; mais ayant donné la Ville à Philippe de France son fils , il crut devoir *en étendre*
» *l'enceinte et y fit aussitôt travailler.*

» En 1486, les échevins, à la sollicitation de Louis II du nom, duc d'Orléans, qui fut
» depuis le roi Louis XII, obtinrent du Roi Charles VIII permission d'accroître la
» ville des faubourgs de Saint-Vincent , de Bannier et de Saint-Laurent ; et ce Prince,
» *pour subvenir en partie à la dépense qu'il convenait de faire,* leur accorda cinq de-
» niers à prendre sur chaque minot de sel qui serait vendu dans tous les greniers du
» royaume. Les commissaires qui furent chargés de travailler au Devis de ces Ouvrages,
» et qui étaient MM. Yvon d'Illiers , Chevalier, Conseiller et Chambellan du Roi; et
» Jean de Gourville, Écuyer et Panetier ordinaire du Roi, dont deux rues de cette nou-
» velle Enceinte ont retenu le nom , ayant fait leur rapport, Sa Majesté, par ses lettres
» patentes du mois de novembre 1489, les approuva et en ordonna l'exécution , avec
» défenses à toutes personnes de bâtir aucune maison à une lieue aux environs, *pour*
» *faciliter par-là de peupler entièrement ce Quartier.* Louis XII , en 1508, renouvela
» ces défenses et commit pour leur exécution M. de Saint-Mesmin , Lieutenant-général
» au Baillage d'Orléans , qui , l'année suivante , fit abattre , dans l'étendue d'une lieue ,
» plusieurs maisons construites a leur préjudice. On travailla ensuite avec ardeur, et
» il paraît que la clôture était finie, ou du moins fort avancée, en 1498, que le Roi
» Louis XII, par lettres données à Compiègne le 8 juin , ordonna qu'on prendrait le
» terrain des vieux Fossés et Boulevards pour y faire des places et lieux publics conve-
» nables, pour y bâtir une boucherie et plusieurs marchés , distans et séparés les uns
» des autres ; ce qui était devenu nécessaire attendu l'accroissement et augmentation
» de la Ville. »

(*Essais historiques sur Orléans, dédiés à Monseigneur le duc d'Orléans, par
M. Beauvais de Préau, à Orléans ,* 1778. Page 116.)

(7) *Qu'aux gens de l'art qui furent chargés de leur direction et à la population toute
entière qui s'associa à leurs efforts, page* 21.

La postérité, qui a souvent cassé les jugemens portés par les contemporains , a con-
firmé les nombreux éloges donnés de leur temps à MM. de Barentin et de Cypierre, *intendans*; Baguenault, Colas des Francs, Ducoudray, Tassin, *maires*; Isambert de
Bagnaux, de Gauthay, *échevins ;* Desfriches, Colas de Malmusse, Boilleve , Lhuillier ,
conseillers municipaux, qui conçurent ou proposèrent les différens Projets d'utilité
publique et d'Embellissement dont l'exécution , commencée vers le milieu du siècle
dernier, a continué sans interruption jusqu'au moment de la révolution , c'est-à-dire
pendant un espace d'environ CINQUANTE ANS. Leur souvenir est dans la mémoire de
tous les habitans , et leur exemple sera toujours cité à tous les Administrateurs. Tout ce

qu'ils ont jugé utile à leurs concitoyens, ils l'ont voulu, et tout ce qu'ils ont voulu, ils l'ont exécuté. Une circonstance bien remarquable sous leur Administration, c'est que pour l'accomplissement de tant de Projets de diverse nature, notamment pour *l'ouverture de la rue Royale et l'agrandissement de la place du Martroi*, il fallut *abattre* une quantité considérable de maisons et même *supprimer* des rues entières, et cependant au cours de ces travaux aucune plainte particulière ne fut élevée, aucune résistance ne fut apportée de la part de qui que ce soit ; chacun au contraire s'empressait de faciliter de tous ses moyens des constructions et des embellissemens dont certainement un grand nombre de ceux qui les ont vus commencer ne devaient pas jouir. C'est nous qui en jouissons. . . . .

MM. HUPEAU, premier Ingénieur des Pont-et-Chaussées, qui fournit les Dessins d'après lesquels furent construites les FACADES de la Rue Royale ; SOYER, Ingénieur des Turcies et Levées, qui construisit les QUAIS de Barentin et de Cypierre ; PERRONNET qui fut chargé de l'Inspection du nouveau PONT, sous M. Hupeau ; LOUIS, Architecte de M. LE DUC D'ORLÉANS, qui fournit les Dessins de L'HÔTEL DE LA CHANCELLERIE, sur la Place du Martroi ; GABRIEL, premier Architecte du Roi qui donna ceux des nouvelles Tours de Sainte-Croix (*) ; TROUARD, LEGRAND, GUILLEMOT, MIQUE, JARDIN et PARIS, Architectes, qui concoururent A L'EXÉCUTION de ces différens Ouvrages, rivalisèrent de zèle et de talent, et poussèrent tous ces travaux avec une rapidité extraordinaire. M. LEBRUN, qui depuis devint Architecte de la Ville et du département, y construisit plusieurs Édifices utiles et laissa une fortune considérable acquise dans plusieurs SPÉCULATIONS DE CONSTRUCTION, commença à se faire connaître à cette époque. Parmi les autres personnes qui prirent une part plus ou moins active à ces différens travaux et qui ont vécu jusqu'à nos jours, on cite M. BOYER, oncle, qui conserva toute son activité jusque dans l'âge le plus avancé et a laissé à ses neveux, qui suivent honorablement sa carrière, une grande fortune aussi acquise dans les travaux de construction ; M. NOLLET, aujourd'hui Architecte du département de l'Allier, etc.

(8) *La chancellerie du prince et l'administration de ses domaines*, page 22.

« Les Archives du duché d'Orléans se trouvaient placées de temps immémorial dans une des Salles du Châtelet ; mais lors de la construction de la rue Royale on éleva sur la Place du Martroi, entre la rue Royale et celle de la Hallebarde, *et aux frais du* DUC D'ORLÉANS, un Bâtiment orné d'une belle Façade et décoré DE SES ARMES. Les Archives y furent placées, et une partie de cet Hôtel devait être occupé par le Prince et par ses Officiers. On avait le Projet d'élever de l'autre côté de la place un Édifice semblable

(*) Le dessin original des Tours de Sainte-Croix est aujourd'hui entre les mains de madame veuve BAGUENAULT, de Paris.

pour y transférer l'Hôtel de Ville ; mais une portion seulement de cette construction fut achevée. Lors de *la suppression* de l'apanage du duc d'Orléans, son Hôtel appellé la Chancellerie, nom qui lui est demeuré, est devenu une propriété particulière divisée aujourd'hui en plusieurs habitations et en magasins au rez-de-chaussée. La majeure partie, occupée dans le principe par l'établissement des diligences Lebrun et compagnie, l'est maintenant par son successeur Vincent Caillard, Lafitte et compagnie. Quant au Bâtiment formant l'autre angle de la rue Royale, après avoir été long-temps habité par un marchand de draps, il est en ce moment employé *à l'exploitation des Messageries Royales*, qui jadis étaient placées dans une vaste maison de la rue d'Illiers. Sur la même place, et presqu'en face de ces deux messageries, se trouvent les diligences appellées *Jumelles* et *l'Orléanaise*, entreprise toute récente. Les voyageurs regrettent, et avec juste raison, de ne point voir cet Etablissement occuper des hôtels avec de vastes Cours, où ils monteraient en voiture au lieu de le faire sur la Place même, où ils sont exposés aux intempéries des saisons et obsédés par les indigens, les curieux et même les filoux. » (*Indicateur Orléanais, 4ᵉ livraison , page 292.*)

L'article 23 de la loi du 3 mars 1814, sur la liste civile, etc., dispose que « il sera payé annuellement par le Trésor Royal une somme de huit millions pour *les princes et princesses de la Famille Royale* pour tenir lieu d'apanage. Cette loi reconnaît implicitement le principe que les princes doivent avoir ou un apanage ou une rente qui leur en tienne lieu. Cette loi ne s'est pas occupée des *princes du sang*, parce que ces princes avaient retrouvé en nature des biens qui ont paru suffisans pour leur établissement. Cette remise des biens restant de l'ancien apanage d'Orléans a été effectuée par trois Ordonnances royales, en date des 18 et 20 mai 1814 ; et M. le duc d'Orléans a constamment joui de son apanage depuis 1814, il en paie les Contributions, il en a réparé les Palais et les Édifices, il a soutenu en son nom tous les Procès relatifs aux Biens de l'apanage en présence du Ministère Public sans éprouver jamais de contradiction. (*M. Dupin, du régime des forêts apanagères en son* Recueil des lois Forestières, 1822.)

L'Hôtel de la Chancellerie ayant été vendu, et les revenus du prince nécessitant une Administration nombreuse à Orléans, le Roi des Français a, dit-on, l'intention d'y faire construire un nouveau palais.

(9) *Et le peu de commodités de ces maisons qui la plupart n'ont pas de cour, page 22.*

« La rue Royale qui conduit du Martroi au pont a 40 pieds de largeur. Les Façades des maisons qui la forment sont régulières et ont été construites sur les dessins de M. Hupeau, premier Ingénieur des Ponts-et-Chaussées. Elle est terminée à ses deux extrémités par quatre gros Pavillons, dont deux donnent sur le Quai et les deux autres sur le Martroi. » (*Essais historiques d'Orléans, par Beauvais de Préau, page 108.*)

« La forme des cintres du rez-de-chaussée et les distances laissées entre les croisées y rendent les distributions intérieures difficiles et peu commodes, *d'autant plus qu'on a laissé subsister dans beaucoup de parties les anciens bâtimens en les liant aux façades nouvelles.* »

(*Indicateur Orléanais , page* 234.)

(10) *Un pont magnifique fut jeté sur la Loire, page* 22.

Ce pont est un des plus beaux de l'Europe. Il fut projeté par M. Hupeau et conduit sous ses ordres par M. Soyer, ingénieur en chef. Il est composé de neuf arches. Celle du milieu a 100 pieds d'ouverture. La largeur du pont est de 46 pieds d'une tête à l'autre ; savoir, 27 pieds pour le passage des voitures, 8 pieds pour chaque Trottoir et 18 pouces d'épaisseur de parapet. Ses fondations sont en maçonnerie sur pilotis, grillage et plate-forme de charpente. Il fut commencé en 1750, et fini en 1790. M. Perronet , premier ingénieur des Ponts-et-Chaussées de France , mort à Paris en 1794, fut chargé en 1752 de l'inspection des travaux du nouveau pont sous M. Hupeau , et suivant une lettre de M. Trudaine , adressée à M. de Cypierre , intendant d'Orléans , le 29 avril 1763, il le prévient *que le sieur Perronet, qui remplace M. Hupeau, se trouve chargé du compte définitif et de la réception de tous les ouvrages faits pour la construction du pont d'Orléans , de ses abords,* etc.

L'adjudication de ce pont fut passée à Jean Chopine, Entrepreneur, le 29 mars 1751, pour la somme de 2,084,000 livres, et subrogée ensuite à Jean Rondel, par arrêt du Conseil du 20 octobre 1761.

Le procès-verbal et le compte définitif de réception sont du 22 octobre 1793 , montant à 2,661,090 livres, savoir :

Prix de l'adjudication. . . . . 2,084,000 livres. »
Et pour les augmentations. 506,856   13

Total. 2,670,856   13

A Orléans, le 22 octobre 1763.

Signés Perronet et Soyer, Ingénieurs en chef.

(*Notice pour servir à l'éloge de M. Perronet; par Lesage, ingénieur en chef, Paris ,* 1805.)

(11) *Une salle de spectacle provisoire fut construite aux frais du duc d'Orléans ,* page 22.

« L'emplacement de L'Hôtel des Spectacles était autrefois occupé par un jeu de paume, sous le nom de *la Perle* , dont cet hôtel a retenu le nom. Le feu prit à la Salle au mois de novembre 1757 , et la brûla entièrement. Elle fut rebâtie l'année suivante par les libéralités de S. A. S. Monseigneur le duc d'Orléans. (*Essais historiques d'Orléans , page* 140.)

(12) *Cette immense filature de coton que l'on admire sur les bords de la Loire, à l'une des extrémités de la ville, et qui occupait un nombre considérable d'ouvriers,* page 22.

FILATURE DU DUC D'ORLÉANS. Sur l'emplacement du Fort de la Motte-sans-gain ou de la Brebis et de deux Tours qui l'accompagnaient, le DUC D'ORLÉANS et plusieurs Actionnaires résolurent, en 1787, DE CONSTRUIRE une filature de coton, dont le premier établissement eut lieu dans les greniers du grand Cimetière sous la direction d'un Anglais, M. Foxlow. Vers le mois d'octobre M. LEBRUN, Architecte à Orléans, présenta ses plans; en 1788, M. Louis, Architecte du prince, vint sur les lieux et décida qu'au lieu d'élever le Bâtiment principal sur les ruines mêmes du Fort de la Brebis, et faisant face à la rivière, il valait mieux suivre l'alignement des anciens Murs de Ville, l'asseoir sur leurs fondations, et mettre les façades les plus étendues à l'est et à l'ouest, ce qui eut lieu. Les Travaux commencèrent en février 1789, et les métiers devaient y être placés au mois de décembre suivant; mais le Directeur de cette Filature ayant demandé des additions, une MAISON élégante pour son habitation et une POMPE-A-FEU dont le mécanisme fût confié à MM. PERRIER, ces augmentations retardèrent l'achèvement des Bâtimens qui ne furent livrés qu'à la fin de l'année 1790. La dépense totale fut d'environ SIX CENT MILLE FRANC, y compris la cheminée de la pompe-à-feu, élevée de 124 pieds 6 pouces, ce que nous apprenons des pièces imprimées d'un Procès intenté injustement par M. Foxlow, devenu de simple Directeur l'un des principaux Actionnaires, à M. LE-BRUN dont on reconnaît les talens dans ces constructions, alors bien nouvelles en France. (*Indicateur Orléanais*, page 332.)

Cet établissement appartient aujourd'hui à M. James THAYER.

(13) *Était réservé à d'autres temps et à d'autres magistrats*, page 22.

« Dès le premier jour de son administration, M. le Vicomte de RICCÉ avait tourné ses regards vers ce majestueux Monument, objet de l'affection de nos Rois, pour lequel ils avaient sacrifié tant de millions, et qui menaçait de tomber en ruines avant même d'avoir pu être terminé. Le moment n'était pas éloigné où Orléans et la France entière allaient être redevables à M. le Vicomte de RICCÉ de L'ACHÈVEMENT de l'église Cathédrale de Sainte-Croix. Jaloux de procurer aussi de nouveaux Embellissemens à la ville d'Orléans, il arrêta les dégradations et les envahissemens que la Loire ne cessait de commettre chaque année; et tout à coup on vit comme surgir du sein des flots et du milieu des précipices LE QUAI DU ROI. La rapidité, l'économie avec lesquelles il fut construit, seront long-temps un sujet d'étonnement (*). « C'est à l'entrée de ce Quai que se trouve

(*) Ce nouveau quai fut construit sous la direction de MM. JOUSSELIN et LACAVE, ingénieurs du département.

» LA NOUVELLE PORTE de Ville que la reconnaissance publique nomma PORTE RICCÉ,
» comme soixante ans plustôt elle avait nommé PORTE BARANTIN celle qui se trouve à
» l'autre extrémité de la Ville (*). » Les routes étaient réparées ; toutes les villes, et jusqu'aux plus simples hameaux, souvent visités par le sage Administrateur qui voulait tout
voir par ses yeux, attestaient l'exactitude de sa surveillance : UN PALAIS DE JUSTICE,
digne de sa destination, fut aussitôt exécuté que projeté ; mais tant qu'il n'eut point obtenu ce qui avait été le premier objet de sa sollicitude, M. le Vicomte de Riccé crut n'a-
voir rien fait pour la gloire du Pays qu'il administrait. Il redoubla ses efforts et ses ins-
tances auprès des Ministres de Sa Majesté ; il représenta l'impossibilité de mettre A LA
CHARGE du Département et de la Ville UNE DÉPENSE aussi considérable que celle que ré-
clamaient LES TRAVAUX à faire à la Cathédrale ; il fit valoir que l'honneur de la France entière était intéressé à voir terminer l'un des plus beaux MONUMENS qu'elle ait à offrir à
l'admiration des étrangers ; il démontra surtout *l'urgence des réparations* à y faire. Ces
réparations furent *d'abord ordonnées;* et ce premier succès fut comme l'annonce de
celui que sollicitait M. LE PRÉFET DU LOIRET ; enfin on apprit que M. le Vicomte DE
RICCÉ avait obtenu de la munificence Royale tous les fonds nécessaires pour L'ENTIER
ACHÈVEMENT de l'Église Cathédrale de Sainte-Croix. En comblant de bénédictions le
digne MAGISTRAT dont les efforts et peut-être aussi les talens administratifs recevaient
alors la plus belle récompense, Orléans conçut aussitôt l'espérance de voir exécuter
IMMÉDIATEMENT *le projet de la rue de Bourbon*, que L'ACHÈVEMENT de la Cathédrale ne
permettait plus de différer davantage. »

(*Considérations sur l'entreprise de la rue de Bourbon, à Orléans, par une compagnie d'actionnaires.* 1825, *pages* 12 *et* 13.)

(14) *Et la construction d'un nouvel hospice dont les fonds sont votés depuis plusieurs
années*, page 23.

L'établissement des hôpitaux auprès des églises cathédrales est d'une haute antiquité,
aussi bien que leur dépendance de ces mêmes églises. Le chapitre d'Orléans, auquel
appartient la juridiction spirituelle de celui-ci, a fondé deux prébendes, dont le revenu
lui est affecté..... Quant au temporel, *dont les revenus sont considérables*, il est gou-
verné par neuf personnes ; savoir, trois députés de la cathédrale et six bourgeois nommés
par les Maire et Échevins. (*Essais historiques sur Orléans*, page 79.)

Depuis bien des années les habitans désirent *le déplacement* de cet hospice et *son
transfert* hors du centre de la ville, tant dans l'intérêt des malades que pour la salubrité
générale. (*Indicateur Orléanais*, page 351.)

_____

(*) *Annales de la Littérature et des Arts.* Juillet 1824.

Dans sa Session de 1826, le Conseil-Général du Département de Loiret a voté UNE IM-
POSITION EXTRAORDINAIRE DE 3 CENTIMES PAR FRANC PENDANT SIX ANS sur les trois contributions foncière, personnelle et mobilière et des portes et fenêtres pour former un
Contingent de 210,000 fr., que le Département FOURNIRA dans LES DÉPENSES qu'exigera
LA TRANSLATION de l'Hôtel-Dieu d'Orléans. (*Voir l'analyse des votes des Conseils-Gé-
néraux de département sur divers objets d'administration et d'utilité publique soit
locale, soit générale, Session de 1826. Imprimerie Royale, 1827.*)

(15) *Et qui vient de renouveller ses propositions au Conseil Municipal, page 23.*

Propositions de la Compagnie de la rue de Bourbon à la ville d'Orléans, de réaliser le
traité concernant l'exécution de l'entreprise sur les bases precédemment arrétées.

*A Messieurs les Maire, Adjoints et Membres du Conseil Municipal de la ville d'Orléans
dûment autorisée, aux termes de l'ordonnance royale du 16 septembre 1825, à
traiter avec la Compagnie de la rue de Bourbon, sur les bases arrétées par délibération du 6 avril 1825.*

MESSIEURS,

En s'associant aux vues et aux efforts de l'administration municipale dans l'accomplissement d'un projet considéré par toute la population Orléanaise comme un bienfait public, les fondateurs de la compagnie de la rue de Bourbon se sont proposé deux
objets principaux : 1° hâter le moment de l'exécution appelée par tant de vœux ; 2° rendre cette exécution moins onéreuse à la ville, en faisant concourir aux frais de l'ouverture de la rue et de l'agrandissement de la place, la compagnie qui allait être chargée
des travaux de l'entreprise.

Pour atteindre heureusement ce but, il fallait d'abord que les propriétaires asséjétis
à l'alignement par l'Ordonnance Royale du 13 janvier 1819 fussent mis à même de recevoir immédiatement le prix de leurs propriétés évaluées à un million. Ce premier
résultat obtenu, la réalisation des fonds nécessaires à l'entière exécution du projet ne
pouvait rencontrer de difficulté sérieuse, d'après la nature de l'opération, les garanties
hypothécaires qu'elle assure et les nombreux intérêts qui s'y rattachent et qui doivent
en recueillir les fruits.

En effet, l'ensemble de ces diverses propriétés, évaluées un million, présente une
superficie d'environ 34,000 mètres située dans le point le plus central et destinée à devenir le quartier le plus frequenté et le plus florissant de la ville. Le terrain abandonné
à la voie publique pour l'ouverture de la rue et l'agrandissement de la place étant de
7000 mètres, il reste une étendue de 27,000 mètres pour être employée en constructions
de tout genre.

8

Tout donnait lieu de croire qu'une opération ayant pour objet 1° de fournir les fonds nécessaires à l'acquisition des terrains ci-dessus désignés; 2° de faire ouvrir immédiatement la rue projetée sur ces terrains et d'agrandir et régulariser la Place qui doit la terminer; 3° de faire construire dans toute l'étendue de cette rue et de cette place, au fur et à mesure de la livraison des terrains, des maisons élégantes et commodes, ainsi que plusieurs établissemens publics et particuliers qui manquent à Orléans et qu'on y désire, ne fut une spéculation utile autant qu'honorable; et tout permettait de penser que ceux qui s'emploieraient pour la réaliser, obtiendraient auprès de l'administration municipale et de l'autorité supérieure tout l'appui nécessaire; qu'enfin, pour y concourir de tous leurs moyens, on rencontrerait un empressement non moins égal chez tous les habitans appelés à profiter les premiers de tous les avantages de l'entreprise et des divers établissemens qu'elle allait créer au milieu d'eux.

Cette idée, déjà présentée plusieurs fois et toujours accueillie avec faveur, mais qui pour être exécutée d'une manière digne de répondre à son véritable but exigeait un concours de circonstances difficiles à réunir, trouva en 1824 de nombreux partisans, notamment parmi les personnes dont la profession se rattache aux constructions. Des capitalistes ayant examiné le projet de la rue de Bourbon et ayant reconnu qu'il était un besoin du pays, offrirent de faire tous les fonds que réclamerait son exécution; nombre d'Orléanais secondèrent l'élan imprimé par le vœu général; et bientôt les bases de l'opération furent arrêtées.

Mais une compagnie, quelle que soit l'intention qui l'anime, ne pouvant être définitivement constituée que pour un objet certain et déterminé, et l'exécution de l'opération proposée étant subordonnée à deux conditions principales : 1° l'obtention d'une ordonnance Royale d'utilité publique, afin de pouvoir, au besoin, acquérir par application de la loi du 8 mars 1810 les terrains nécessaires à l'exécution du projet; 2° la conclusion d'un traité avec la ville sur des bases réciproquement utiles, il fut convenu entre toutes les parties intéressées à l'exécution de l'entreprise que l'organisation de la Société et la réalisation du capital social seraient ajournées jusqu'au moment où une ordonnance royale proclamerait l'entreprise d'utilité publique, et où un traité définitif pourrait être valablement passé avec la ville d'Orléans. Les soins multipliés et tout le travail qu'allait jusque là nécessiter la marche administrative de l'affaire furent remis par toutes les parties intéressées à une commission dont le zèle, les lumières et le dévouement ont pleinement justifié la haute confiance que l'on avait placée en elle et dont les travaux sont connus.

Attentive à seconder la direction prise par l'autorité municipale pour faire rendre l'ordonnance nécessaire à l'exécution du projet, la commission ne tarda pas à trouver l'occasion de prouver l'utilité de sa coopération aux mesures adoptées dans la circonstance.

Par suite de l'arrêté du conseil municipal du 10 mai 1824 concernant le nouveau mode d'exécution du projet, et de l'enquête *de commodo et incommodo* ordonnée par M. le Maire, le 13 dudit mois de mai, quelques propriétaires de terrains compris dans l'exécution du projet avaient formé opposition à l'ordonnance royale du 13 janvier 1819 qui décide en principe le percement de cette rue et l'agrandissement de la place et en prescrit les alignemens. Cette opposition avait été rejettée par le conseil d'état, et l'ordonnance royale de 1819 avait été maintenue dans toutes dispositions et dans tous ces effets, conformément aux conclusions de la ville; mais avant de statuer sur le chef de demande relatif à la déclaration d'utilité publique du projet et à l'autorisation de prendre immédiatement toutes les mesures qui se rattachent à son exécution; suivant les besoins de la ville et les vœux des habitans, l'autorité supérieure décida que la ville, pour obtenir ce droit, justifierait des moyens qu'elle avait d'indemniser les propriétaires dépossédés et de pourvoir à l'exécution des travaux. Aussitôt la compagnie adressa au conseil municipal ses propositions tendant à se charger à ses frais, risques et périls, dans un délai de cinq ans à partir du jour du traité avec la ville, de l'exécution de l'entreprise, et spécialement de toute la dépense occasionée par le percement de la rue et l'agrandissement de la place, à la condition que la ville, de son côté, continuant de protéger ouvertement et de seconder par tous les moyens qui lui sont propres les efforts de la compagnie dans le cours des travaux qu'elle allait entreprendre, se chargerait du pavage de la rue et de la place; qu'elle solliciterait une loi d'exemption d'impôts pendant un certain nombre d'années pour toutes les maisons appartenant à la compagnie, ainsi qu'une franchise des droits de première mutation; que les droits d'octroi pour l'entrée des matériaux seraient l'objet d'un réglement particulier entre la ville et la société; qu'enfin, pour indemniser en partie la compagnie de la dépense occasionée par le percement de toute la rue et l'agrandissement de toute la place dont elle faisait les frais, la ville lui abandonnerait dès-à-présent, mais pour n'en avoir la jouissance qu'à une époque qui serait déterminée, l'Eglise Saint-Maclou en totalité, et soixante pieds de terrain dans toute la longueur de l'Hôtel-Dieu, derrière les façades qui doivent border, de ce côté, la place Ste-Croix.

Ces propositions, qui témoignaient suffisamment de la modération des intentions de la compagnie et qui n'imposaient à la ville que des sacrifices infiniment légers, dont bientôt même elle ne devait pas tarder à se couvrir par l'augmentation des revenus de son octroi, et d'autres causes immédiates faciles à prévoir et à apprécier, furent accueillies à l'unanimité par le conseil municipal dans la séance du 6 avril 1825. Expédition des propositions de la compagnie et de la délibération du conseil municipal fut transmise le 21 dudit mois d'avril par toute la députation du Loiret à S. E. le ministre de l'Intérieur; et de ce moment la demande de la ville n'éprouva plus de difficultés. L'ordonnance royale qui intervint à cette occasion contient deux dispositions distinctes:

Par la première, le projet de la rue de Bourbon et l'agrandissement de la place Ste-

Croix, avec les alignemens prescrits par l'ordonnance royale du 13 janvier 1819, est déclarée d'utilité publique, et la ville, en conséquence, autorisée à acquérir, par application de la loi du 8 mars 1810 et des lois, ordonnances et décisions qui s'y réfèrent, tous les terrains nécessaires à son exécution, et à prendre toutes les mesures qui s'y rattachent :

Par la seconde, la ville est autorisée à traiter avec la compagnie de la rue Bourbon sur les bases arrêtées par délibération du 6 avril 1825.

Cette ordonnance, en date du 16 septembre 1825, fut publiée à Orléans le 24 dudit mois, par les soins de l'autorité municipale; et le 7 octobre suivant transmise par M. le Préfet à la compagnie, en lui réitérant l'assurance de sa bienveillante protection pour l'exécution de cette entreprise si éminemment utile au chef-lieu de son département.

La première des deux conditions à l'accomplissement desquelles on attachait principalement le succès de l'opération se trouvait remplie par l'obtention et la publication de l'ordonnance royale d'utilité publique concernant l'exécution immédiate du projet; la seconde, le traité avec la ville, ne pouvait tarder à s'effectuer, puisque les bases en avaient été posées, et que ces bases étaient acceptées par la ville et avaient été depuis approuvées par l'autorité supérieure. Mais ce traité était lui-même subordonné à une condition préalable. Le conseil municipal, en acceptant en principe les propositions de la compagnie qui s'offrait d'exécuter le projet, avait déclaré qu'il ne conclurait le traité sur les bases présentées qu'avec la compagnie définitivement constituée. Des magistrats, traitant au nom le leurs concitoyens pour l'exécution d'une entreprise à laquelle se trouvait liée la prospérité de la ville, devaient en effet s'entourer de toutes les précautions propres à rassurer tous les intérêts engagés dans l'accomplissement du projet; et cette condition mise à la conclusion du traité était une nouvelle preuve de la sollicitude des magistrats d'Orléans, et un nouveau gage de sécurité pour ceux qui allaient concourir à l'exécution du projet et rattacher leurs noms à cette belle entreprise.

Une généreuse émulation s'empara de tous les membres de l'association pour hâter la constitution de la compagnie et la fonder sur des bases propres à en assurer le succès. Visites sur les lieux, études des documens fournis par l'administration, recherches actives pour compléter ces documens et connaître d'une manière exacte la dépense de l'entreprise en acquisitions et en constructions, publications de tout genre pour consulter l'opinion publique et appeler la lumière, tout fut mis en usage. On voulut tout voir, tout interroger, tout comparer, tout faire servir au but commun : mais, malgré le vif désir d'obtenir promptement le résultat qu'on recherchait et de répondre à l'impatience manifestée de toutes parts de voir commencer les travaux, on sentit la nécessité d'agir avec la plus grande circonspection et de ne prendre aucun parti qu'avec une connaissance parfaite des choses. On jugea qu'une tentative sans succès pourrait compromettre à jamais le sort de l'opération, on préféra attendre. On laissa chaque étude se parfaire par ceux qui en avaient pris la tâche, chaque point s'éclaircir avec le temps, et il ne fallut rien moins que l'amour du bien public et la louable ambition d'achever avec gloire ce qui avait été commencé avec enthousiasme pour, au milieu de lenteurs toujours renouvellées et d'obstacle sans cesse renaissans, persévérer à poursuivre un but qui paraissait toujours fuir, à mesure qu'on croyait en approcher davantage.

La fixation du capital social, le choix d'un bon système d'administration, le genre de construction qui convient aux besoins du pays, en y adaptant tout ce qui est réclamé par les progrès de la civilisation; l'emploi des terrains; le mode d'exécution des travaux à mettre en adjudication par la compagnie, ou devant être l'objet de traités à passer avec les entrepreneurs, etc.; toutes ces questions dont la solution avait paru facile au premier abord, soulevèrent, quand on se mit à les examiner, pour faire de leurs décisions un tout complet et la base d'un système d'exécution appliquée à l'entreprise, une foule d'autres questions dont l'examen et les débats auraient même fini, malgré les bonnes intentions de chacun, par détruire entièrement l'effet qu'on s'était promis de l'intervention d'une compagnie et de discussions préparatoires, si, dans ces divers débats, la question principale n'avait pas toujours hautement dominé toutes les autres et fait fléchir chaque système particulier, chaque opinion individuelle devant le système général et le bien de l'opération, dont le sort, avant tout, avait besoin d'être fixé.

Pourtant, presque dès le début, on était tombé d'accord sur trois choses :

1° La nécessité de porter le prix de chaque propriété à acquérir à une somme plus forte que celle fixée dans les états fournis par l'administration municipale ;

2° Le besoin de porter également la dépense à faire pour les constructions à une somme plus élevée que celle évaluée par l'autorité locale. L'augmentation de la dépense de ces deux objets se trouvait d'ailleurs plus que compensée au moyen d'un meilleur emploi des terrains.

3° L'impossibilité d'adopter, quant aux façades, un système uniforme et général pour toutes les constructions à élever dans toute l'étendue de la rue de Bourbon et de la place Ste-Croix. Cette rue et cette place doivent offrir dans leur ensemble un développement de façade de plus de 1000 mètres d'étendue. Dans plusieurs parties se trouvent de vastes terrains qui vont exiger des combinaisons particulières pour en tirer un parti convenable et propre à dédommager la compagnie de ses sacrifices : il faudra donc, dans l'exécution, à chaque genre de constructions, adopter un système de façade qui lui sera propre, en conservant dans les dispositions particulières l'ensemble d'une construction monumentale ; et il eût été difficile de prendre aucun parti à cet égard dans l'état des choses.

Enfin, après nombre de travaux, d'avis, de rapports, de mémoires, de projets, tous livrés à l'examen et au jugement de l'opinion publique, par la voie de l'impression et surtout après plusieurs années fécondes en événemens qui ont démontré les véritables principes d'après lesquels elles doivent être établies pour assurer le bien qu'on s'en propose, toutes les parties intéressées à l'exécution de l'entreprise, persévérant dans les intentions qui les ont animées d'abord, et non moins jalouses qu'en 1824, d'attacher leurs noms à une entreprise qui fera époque dans les fastes de la prospérité nationale, et attestera le degré où les arts et l'esprit d'association se sont élevées de nos jours, ont reconnu, d'un commun accord, que l'expérience et la réflexion ayant suffisamment mûri l'opération proposée, on ne saurait, au point ou l'on est parvenu, en retarder davantage l'exécution, sans nuire tout-à-fait aux intérêts particuliers qui désormais en sont inséparables; qu'ainsi il convenait d'accomplir la seconde condition attachée au succès de l'opération, la conclusion du traité avec la ville, sur les bases arrêtées et approuvées, et que pour cela il était indispensable de conclure l'acte constitutif de la compagnie de la rue de Bourbon en se conformant pour les points résolus à ce qui avait été décidé, et pour ceux encore en discussion, en faisant à leur égard ce qui serait le plus conforme au but de l'entreprise et à l'intérêt général.

Mais aussi toutes les parties ont pensé que préalablement à l'accomplissement des formalités exigées par la loi pour la formation et l'approbation d'une société anonyme, la compagnie devait réitérer auprès de MM. les maire, adjoints et membres du conseil municipal, dans le forme précédemment adoptée, l'offre de sa soumission, et déclarer qu'encore bien qu'on ait reconnu la nécessité de porter à une somme plus élevée que celle fixée par l'administration la dépense à faire pour le percement de la rue et l'agrandissement de la place, elle n'en persistait pas moins à traiter sur les bases précédemment acceptées dans la délibération du 6 avril 1825, et qu'elle était en mesure de satisfaire à toutes les conditions que le traité à conclure lui impose, en priant MM. les maire, adjoints et membres du conseil municipal de vouloir bien déclarer par une délibération prise à cet effet, et transmise à la compagnie, en la personne de M. Juge, avocat, l'un de ses conseils, demeurant à Paris, rue d'Hanovre, n° 5, si ces conditions seraient encore agréables aujourd'hui, et si rien ne s'opposait à ce que la ville, de son côté, pût remplir les obligations qui allaient en résulter pour elle;

En conséquence les soussignés ont l'honneur de réitérer auprès de MM. les maire, adjoints et membres du conseil municipal de la ville d'Orléans, la soumission transmise le 2 avril 1825, et de déclarer que la compagnie est totalement en mesure de se constituer définitivement, et de donner à la ville par le traité à conclure toutes les garanties qui seront jugées nécessaires; qu'enfin toutes les parties intéressées à l'exécution de l'entreprise n'attendent pour remplir les formalités exigées par la loi dans les sociétés anonymes, que la délibération du conseil municipal faisant savoir que la ville d'Orléans se trouve également en mesure de remplir les conditions qu'elle a acceptées par sa délibération du 6 avril 1825, qui ont été approuvées par le gouvernement aux termes de l'ordonnance royale du 16 septembre même année, et sont devenues la base du contrat à réaliser entre la compagnie légalement constituée et la ville autorisée à cet effet.

Fait à Paris, ce 21 juin 1830.

De Messieurs les Maires, Adjoints et Membres du conseil municipal de la ville d'Orléans

Les très-humbles et très-obéissans serviteur,

Les Commissaires de la Compagnie :

Signés DE BRICOURT, Bⁿ. VUIGNER DE HAU, J. DE PERRIGNY.

(16) *Ni marchés couverts, ni fontaines publiques, page* 23.

Il a été question plusieurs fois de construire des MARCHÉS COUVERTS et de subvenir à CETTE DÉPENSE au moyen d'une légère TAXE à établir sur chaque Place. Les Marchands et le Public seraient loin de se montrer opposés à cette amélioration; car on sait combien, dans la mauvaise saison, le stationnement au milieu de la boue et de la pluie est préjudiciable aux personnes qui fréquentent les Marchés. Un tel Projet ne peut donc manquer d'être approuvé généralement, et la prompte rentrée des fonds qu'il promet semble devoir en assurer facilement l'exécution.

« En 1812, on essaya de pratiquer un puits artésien sur la place de l'Etape, vis-à-
» vis la rue de l'Evêché; mais les succès n'ayant pas répondu à l'attente de l'adminis-
» tration, les travaux ont été abandonnés, quoique l'on fût déja parvenu à une grande
» profondeur, et que notre ville ait un besoin urgent de FONTAINES, surtout depuis qu'on
» a comblé une grande partie des PUITS publics, creusés jadis à grands frais, *aux dépens*
» *des* quartiers où ils se trouvaient. (*Indicateur Orléanais, page* 218).

M. JOLLOIS, Ingénieur en Chef du Département, a proposé de faire distribuer dans la ville les eaux salubres de la Loire, au moyen d'une MACHINE A FEU, qui serait établie sur les bords de ce fleuve. MM. TALABOT, Ingénieurs-Hydrauliciens, à Paris, ont reconnu la possibilité d'employer utilement ce procédé et ont été vivement sollicités de s'en occuper. On espère beaucoup de leurs efforts et de ceux de plusieurs Orléanais, pour la construction de plusieurs FONTAINES, qui contribueraient autant à l'assainissement de la ville qu'à son embellissement.

(17) *La comédie jouée dans une église affermée au directeur de spectacle, page* 23.

L'EGLISE SAINT-MICHEL dans laquelle on a pratiqué la nouvelle SALLE DE SPECTACLE était la PAROISSE la plus riche de la ville, presque toutes les Familles Nobles avaient leurs

Tombeaux dans les Caveaux souterrains de cette Eglise. Cette circonstance est, dit-on, la principale cause de l'éloignement que beaucoup de personnes à Orléans éprouvent à fréquenter cette Salle qui n'a rien de remarquable, et n'a pu recevoir une forme commode, par suite de l'ancienne destination des bâtimens dont on voit encore à l'extérieur de nombreux vestiges. La ville paie chaque année au Directeur de la Comédie une subvention qui probablement deviendrait inutile, si la Haute Classe fréquentait le spectacle. LA CONSTRUCTION D'UNE NOUVELLE SALLE est désirée depuis long-temps, et plusieurs projets ont été proposés à cet égard. La salle actuelle avait été disposée par M. LEBRUN, et elle appartient encore aujourd'hui à sa famille.

(18) *La bourse tenue dans un couvent dont le commerce est locataire. Page 23.*

LA BOURSE tient « dans l'ancienne ÉGLISE DU COUVENT DES MINIMES, devenue propriété » particulière. Les frais DE LOYER, ainsi que ceux occasionés par quelques embellisse- » mens qu'on y a fait depuis, ont été répartis comme ils le sont maintenant, sur la » classe des habitans patentés, ainsi que les dépenses de la chambre de commerce établie » dans le même temps.

» Notre ville réclame donc encore un MONUMENT PUBLIC approprié, comme dans toutes » les grandes villes, aux réunions des négocians, indispensables de nos jours pour les » transactions et les négociations. On avait eu pendant quelque temps le projet de don- » ner à l'église de Saint-Pierre-en-Sentelée cette destination, et le local était heureu- » ment choisi, mais cet oratoire ayant été rendu au culte, il est resté jusqu'ici au com- » merce de la ville le regret de DÉPENSER, par succession de temps, en LOYERS annuels, » LE PRIX D'UN ÉDIFICE qui embellirait l'une de nos places publiques. » (*Indicateur Or- léanais, page 269.*)

(19) *Des maisons aussi incommodes que malsaines, dans le plus mauvais état de ré- paration tant à l'intérieur qu'à l'extérieur, page 23.*

Les maisons d'Orléans, dans les quartiers les plus anciens de la ville, sont générale- ment mal bâties; la plus part même le sont en bois. Les façades *en colombage* com- mencent, à la vérité, à disparaître peu à peu; cependant on en fait encore. Le danger imminent des incendies devrait empêcher de les employer aujourd'hui; elles sont à peu près aussi couteuses que les façades en pierre, et donnent aux rues, si étroites dans toutes les cités anciennes, un aspect sombre et peu flatteur à l'œil, à moins qu'elles ne soient fréquemment peintes, comme on le pratique dans le nord de la France.

Les maisons élevées en brique ou en pierre dans les deux derniers siècles sont très- solides; mais il est inconcevable que, dans une ville où se trouvent d'aussi jolis modèles d'habitations des règnes de Charles VII, de Charles VIII, de Louis XII et de François Ier, l'on ait pu faire autant de bâtimens de mauvais goût dans leur ensemble, sans parler des ornemens extérieurs et intérieurs ; car peu d'entre eux sont exempts d'une juste critique. Nous ne dirons rien non plus des distributions intérieures : elles sont généralement à Orléans ce qu'on les voit à Rouen et dans les villes où la trace des habitudes domestiques de nos ancêtres s'est conservée avec les cénacles qu'ils habitaient. Partout des pièces trop vastes, trop élevées ; d'énormes cheminées et d'étroites croisées en petit nombre, comme si l'on eût prévu, dès ces temps reculés, l'établissement d'un impôt sur la lumière. Dans quelques-unes des demeures les plus apparentes, on a cherché à approprier de nouvelles distributions à nos habitudes modernes ; alors on a lutté péniblement, et rarement avec succès, contre le vice primitif ; et ces maisons ne présentent guère que des habitations incommodes, quelquefois même malsaines.

Quant aux maisons récemment construites, il en est un bien petit nombre auquel on ne ferait pas les reproches les plus graves ; aussi la majeure partie a-t-elle été faite sans les avis toujours nécessaires des gens de l'art.

Il serait donc bien à désirer que l'on pût bâtir des demeures agréables à l'extérieur et à l'intérieur, dans une ville où le besoin de fixer de nouveaux habitans se fait si vivement sentir ; sous ce rapport, il serait impossible de ne pas applaudir à des projets qui tendraient à ce but, sans porter aucune atteinte au droit de propriété garanti par les lois.

L'exécution sévère des allignemens arrêtés par l'administration nous procurera peu à peu des rues plus larges, plus droites, et par conséquent des communications moins dangereuses, ainsi qu'un air plus pur dans les habitations. Néanmoins plusieurs de nos rues rappelleront long-temps par leur peu de largeur l'époque où les litières, les mules et les porteurs tenaient lieu des voitures si nombreuses aujourd'hui. Il en existe même quelques-unes tellement étroites et tortueuses, qu'il sera bien difficile de les rendre jamais droites, saines et habitables : elles sont en petit nombre ; et des Indemnités, offertes PAR LA VILLE aux Propriétaires, pourraient effectuer assez promptement ce que le ravage du temps n'amènera que bien longuement. C'est ainsi que le pavage général des rues, quoiqu'ordonné le 12 octobre 1492, par Charles VIII, *avec pouvoir aux maîtres des Ponts-et-Chaussées d'Orléans de contraindre les locataires et propriétaires à paver le devant de leurs maisons*, ne reçut une exécution prompte, rapide et entière, qu'au moment où LES ÉCHEVINS employèrent quelques deniers de la Ville, dont il n'étaient alors COMPTABLES QU'A LEURS CONCITOYENS (sauf plainte de la part de ceux-ci), à indemniser les propriétaires et à faire paver le milieu des rues qui ne l'étaient point encore. Un autre moyen d'atteindre ce but serait peut-être, et nous le croyons, de supprimer, ou au moins de diminuer les droits de voirie qui doivent

9

être peu profitables à la ville et nuire aux embellissemens que les propriétaires seraient tentés de faire dans les quartiers où les loyers sont de bien mince valeur.

(*Indicateur Orléanais* (1), pages 157, 158, 159.)

(20) *Une ville renommée par ses richesses, son commerce et située seulement à une journée de la Capitale*, page 24.

ORLÉANS, chef-lieu de Préfecture, distance légale de Paris 123 kilomètres, ou 27 lieues; 43,000 habitans. On entre à Orléans par six portes principales sans compter quelques-unes qui donnent sur le bord de l'eau. La plupart des rues sont étroites, et les maisons ne sont pas dans un bel ordre, à l'exception de la Grande-Rue qui aboutit au superbe Pont construit sur la Loire. La cathédrale gothique, surmontée de deux Tours d'un beau travail, est une des plus belles de France.

ETAT CIVIL. Un Préfet et un Conseil de Préfecture composé de trois membres. — *Contributions directes.* Receveur général et trois Percepteurs à Orléans.— *Contributions indirectes.* Un Directeur, un Receveur principal, un Receveur de la Navigation. — *Enregistrement et Domaines.* Un Directeur des Domaines, un Conservateur des Hypothèques. — *Eaux et forêts.* Un Inspecteur; 2°. direction forestière de la Marine, un Directeur. — *Domaines et forêts du Duc d'Orléans.* Un Inspecteur, un Receveur des Domaines et Forêts, un Arpenteur.—*Ponts-et-chaussées.* Un Ingénieur en chef. —Un Payeur de Trésor Royal.

ETAT MILITAIRE. 6e subdivision, un Commandant, un chef du Génie, un Capitaine commandant le dépôt de recrutement du Département. Un garde du génie de 1re classe. Un Sous-Intendant, un Proposé de l'Entrepreneur général des convois et transports militaires.

ETAT JUDICIAIRE. Cour royale. Tribunal de 1re Instance. Tribunal de Paix, Tribunal de Commerce.

ETAT ECCLÉSIASTIQUE. Un Evêque suffragant de l'Archevêché de Paris; le département forme son diocèse : 8 vicaires généraux, 7 Chanoines, 12 chanoines honoraires, 5 cures de 1re classe, 28 de seconde; 249 succursales; 20 vicariats. — *Culte réformé calviniste.* Eglise consistoriale avec un Président à Orléans; un pasteur à Châtillon.

(1) *Indicateur Orléanais ou Guide des Étrangers à Orléans et dans le département du Loiret, par C. F. Vergnaud-Romagnesi, membre de la Société Royale des Sciences, Belles-Lettres et Arts d'Orléans, de la Société d'Encouragement pour l'Industrie Nationale, de la Société Linnéenne de Paris, de la Société des Vosges, etc. A Orléans, chez l'auteur, rue Royale, n° 84; à Paris, chez Roret, libraire, rue Hautefeuille.*

SUPERFICIE ET POPULATION. La superficie totale du territoire du département du Loiret est de 675,161 hectares, ou 342 lieues carrées. Sa population totale était en 1820 de 291,394 individus, parmi lesquels on compte environ 5,007 reformés calvinistes

INDUSTRIE AGRICOLE. Système de fermes parmi lesquelles plusieurs considérables. Le fermier fournit instrumens et bestiaux, et les baux se paient en argent. Le mode de culture est l'un des mieux entendus du royaume. Le département fournit en céréales au de-là de sa consommation. — *Prairies.* Celles naturelles sont en assez grand nombre et de bonne qualité. On se livre avec intelligence à la formation de celles artificielles. — *Vignes.* Les vins de ce département ne sont pas aussi fins que ceux connus sous le nom de Bourgogne et de Champagne, néanmoins ils sont fort recherchés. Ces vins s'exportent principalement pour l'approvisionnement de Paris. On compte plantés en vignes 33,000 hectares donnant par année moyenne un produit de 896,000 hectolitres dont 676,000 sont livrés au commerce. — Le *Revenu* moyen de l'arpent est de: *Terres labourables* 15 fr. 48 c.; *Vignes* 37 fr. 85 c. *Prés* 35 fr. 35 c. *Bois* 13 fr. 75 c.

Manufacturière. Mines. Terre à poterie de bonne qualité et répandue fort abondamment; pierres à bâtir et pierres à chaux. Fabriques de limes; filatures de laine; filatures de coton; fabriques de tissus de laine; fabriques de bonneterie orientale, raffineries de sucre, fabriques de poterie, etc.

IMPOTS.

Contributions directes.		*Contributions indirectes.*	
Somme à acquitter en 1826.....	3,554,406 fr.	Enregist. timbre et domaines ont	
Elle se répartit ainsi :		donnée en 1823.............	2,009,916 fr.
Contribution foncière...........	2,678,116	Douanes et sels en 1823.......	3,443,411
— personnelle et mobi-	559,650	Boissons, tabacs et poudres, 1823.	2,416,057
lière..............	316,640	Postes en 1823...............	241,221
— portes et fenêtres....	316,640	Loterie en 1818..............	105,590

A quoi il faut ajouter le produit de Coupes de bois de l'Etat, et une somme de produits de diverses natures montant à quelques dizaines de mille francs. *Le revenu territorial est de* 17,516,000 *fr.*

(*Atlas géographique et statistique des Départemens de la France. Beaudoin frères, éditeurs.*)

Pour apprécier les fortunes particulières d'un pays et les ressources qu'il présente sous ce rapport, on est dans l'usage de consulter les Listes électorales où figure le montant des impositions payées par chaque Electeur. Cette base n'est pas toujours très-exacte. Cependant pour ceux qui aiment à faire cette épreuve nous joignons ici le relevée de la Liste électorale du Département du Loiret dressé pour 1830.

(68)

Electeurs payant de contributions.	9,500 fr.	nombre	1
»	9,000	»	1
»	7,000	»	2
»	6,500	2	2
»	6,000	»	2
»	5,500	»	6
»	5,000	»	5
»	4,500	»	4
»	4,000	»	2
»	3,500	»	6
»	3,000	»	6
»	2,500	»	20
»	2,000	»	35
»	1,500	»	99
»	1,000	»	129

(21) *Que tant de motifs leurs feraient désirer trouver à Orléans, page 24.*

Le nombre des Anglais actuellement résidant en France est d'à-peu-près 36 mille ; dans ce nombre on compte 7 mille ouvriers, leur dépense annuelle est de 96 MILLIONS , ce qui donne une moyenne de près de 2,700 fr. par individus. Les Villes où ils sont en plus grande quantité sont, après Paris, Versailles, Lyon et Tours. Le séjour de Versailles a été évidemment adopté à cause de la proximité de la Capitale, la même CAUSE aurait procuré le même AVANTAGE à Orléans, si on avait pu y trouver DES MAISONS LO-GEABLES. Tours en possédait plusieurs, et les habitans, pour déterminer les Anglais et les autres étrangers à venir s'établir parmi eux, ONT FAIT CONSTRUIRE UNE GRANDE QUAN-TITÉ DE MAISONS nouvelles, et réparer les anciennes. Cette Spéculation a parfaitement réussi, et toute la ville s'en est bien trouvée.

(22) *Le souvenir du bien opéré par nos anciens magistrats n'est-il pas gravé dans toutes les mémoires et leur éloge dans tous nos livres? Page 36.*

Avant la révolution, les Paroisses avaient le droit de s'assembler pour leurs affaires particulières ; elles nommaient elles-mêmes leurs syndics et collecteurs ; à des *Maires électifs* d'abord avaient ensuite succédé, et dans les villes seulement, *des Maires constitués en titre d'office* , ayant des charges vénales et héréditaires. Mais ce titre même , cette vénalité héréditaire, dont nous sommes cependant loin de désirer le retour aujourd'hui, donnait quelquefois à ces Magistrats une indépendance telle qu'on ne la verra peut-être pas de long-temps dans leurs successeurs.

Ils n'étaient en place ni passagèrement , ni uniquement pour plaire A L'INTENDANT. Se dévouant à toujours à leur pays, ils avaient, avant tout, besoin de son estime ; ils en avaient besoin jusqu'au tombeau ; ils avaient besoin de la transmettre au fils qui devait leur succéder, et de conquérir pour lui, d'avance, la bonne opinion des habitans !

Hé ! combien n'a-t-on pas vu DE MAIRES être alors, comme dans d'autres époques, ce qu'ils étaient chez les anciens, DEFENSORES CIVITATUM ! toujours soutenant la Cité contre les usurpations ; toujours se plaçant entre l'Autorité et leurs Concitoyens ; toujours adoucissant les rigueurs ; toujours fiers des victoires qu'ils remportaient *au nom de tous* ou des plaies particulières qu'ils séchaient. C'est ainsi que la mémoire enchantée s'en retrace de nombreux exemples ; c'est ainsi que l'on en a vu, dans les premiers temps de la révolution ; c'est ainsi que l'on en voit encore, malgré toutes les difficultés de la traversée, *et c'est ainsi que nous en verrons davantage quand l'institution sera rendue à sa véritable destination.*

Il n'y aura alors, comme autrefois, ni de plus beau, ni de plus honorable poste ; car le fonctionnaire gratuit a toujours le pas sur le fonctionnaire salarié ; et nos rois ont distingué de tout temps LES MAIRES des grandes Villes. Quand Bonaparte lui-même s'y arrêtait, toutes les prévenances, toutes les attentions dont il était susceptible, s'adressaient AU MAIRE ; c'était lui qu'il demandait ; c'était avec lui qu'il conversait. Il savait de reste tout ce que le Préfet pourrait lui dire ; mais il était possible qu'il apprît du MAIRE quelque chose que le Préfet avait intérêt de dissimuler ; et il savait d'ailleurs combien sa distinction flattait les habitans.

(*Du Droit de Cité et des Droits d'Élection qui en dérivent*, par G. . . . . 1820.

Quelle est donc cette magistrature dont on s'obstine à différer le rétablissement ? Les municipaux ne peuvent rien au-delà de l'enceinte de la cité. Toutes leurs attributions se bornent à y maintenir l'ordre, la paix, la sûreté des personnes et des propriétés ; leur pouvoir est temporaire et limité ; ils ne sont sortis de la vie privée que pour y rentrer : ils ont pour témoins et pour juges de leur gestion leur famille, leurs amis, tous leurs concitoyens ; ils sont comptables de leurs actes à une administration supérieure, établie sur les mêmes principes, et légalement élective.

Tous appartiennent à la même cité, au même arrondissement. L'intérêt commun répond de l'impartialité des suffrages ; et les réélections aux mêmes charges sont le signe et la récompense d'honorables antécédans.

Ainsi se trouvent réunis par les mêmes lois, les mêmes affections, les mêmes intérêts, les habitans des hameaux et ceux de la capitale. Toutes les parties de l'administration se coordonnent et suivent une direction légale, toujours paisible et toujours respectée. Les décisions fondées sur la loi n'offriront plus ces contradictions, ces incohérences scandaleuses qui, substituant la volonté d'un commis sans expérience ou sans bonne foi à la volonté de la loi, rompent la ligne des droits et des devoirs qu'elle avait tracés, énervent l'action de l'autorité publique, et érigent l'arbitraire en principe.

Ce reproche n'atteindra jamais les administrations collectives et temporaires. Qu'importe à un magistrat unique, étranger au pays, l'estime ou l'animadversion de ses administrés, de qui il n'a rien à espérer ni rien à craindre? Le bien qu'il a pu faire aurait été fait sans lui, et sans lui aussi le mal qu'il a pu causer, n'aurait pas eu lieu (1).

Les devoirs de l'administrateur ont été tracés par un homme aussi bon Français qu'habile jurisconsulte, que les suffrages de ses concitoyens avaient appelé à l'administration d'une de nos plus grandes cités, et qui donna en même temps l'exemple et le précepte. Dans d'autres temps et sous une administration telle que l'Empire nous l'a imposée, ces principes de vérité et de sagesse n'eussent été considérés que comme le rêve d'un homme de bien, et n'auraient pu recevoir d'application réelle ou du moins bien rare :

« Se montrer capable des grandes choses sans négliger les détails; voir les objets avec
» une certaine étendue, et ne pas se livrer à des systèmes qui ne naissent d'ordinaire que
» parce que l'esprit se jette aveuglément d'un côté et abandonne tous les autres; ouvrir
» son ame à la sensibilité, sans la rendre accessible à la faveur; réunir la sagesse et l'acti-
» vité; avoir cette force de caractère qui donne le mouvement à la volonté et la volonté à
» la pensée, qui change les idées heureuses en idées utiles, et qui fait sortir *les ressources*
» du sein même *des difficultés et des obstacles;*

» *Lier les intérêts particuliers à l'intérêt général;* diriger toutes les passions sans
» presque en éprouver aucune; concilier équitablement les droits des citoyens avec ceux
» de la Cité; détruire le mal en faisant sentir le bien; disposer les hommes par l'exemple
» et la persuasion à porter docilement le joug de la félicité publique;

» Ramener autant qu'on le peut les besoins de la Société à la simplicité de la nature ;
» distribuer les revenus publics avec ordre et les employer avec économie, ne pas s'écar-
» ter des principes généraux pour quelques événemens privés, ne point préparer des
» maux durables pour l'intérêt d'un instant; enfin, regarder comme un vice de n'avoir
» pas toutes les vertus. Telle est l'image *des qualités et des devoirs d'un administra-*
» *teur.*

Ainsi s'exprimait, en 1780, un magistrat dans une réunion solemnelle, le jour de sa

---

(1) Le régime municipal n'admet que des dépenses utiles et que des actes nécessaires. Que l'on compare la complication de travaux, les légions de commis de toutes classes qu'exige la centralisation, et que l'on prononce si le mode d'administration le plus légal, le plus simple, n'est pas aussi le plus fécond en résultats utiles et le moins dispendieux. Aujourd'hui beaucoup de Préfectures ont plus de commis que n'en employait jadis un Ministère, et telle Sous-Préfecture occupe plus de Bureaux qu'une Intendance.

réception à la place de second Consul (*) de la Municipalité d'Aix, M. Portalis. Ces qualités, ces devoirs ne sont plus dans les mœurs des administrations créées par l'usurpation : elles n'imposent aux chefs que cette règle unique et applicable à tous les cas, *dévouement exclusif au Ministère;* et un Ministère sans responsabilité est le plus insupportable des dictatures ; le principe de cette responsabilité est dans la Charte, il n'est encore que là ; et depuis quatorze ans nous attendons encore la loi qui en détermine le mode d'exécution.

(*Histoire des Communes de France et législation municipale depuis la fin du 11ᵉ siècle jusqu'à nos jours*, par P. J. S. Dufey (de l'Yonne), 1828, Pages 320, 321, 322, 323.)

Mais pour n'être pas encore apparens, les effets de cette indifférence sociale, de ce complet isolément de chaque citoyen dans son propre intérêt, n'en sont pas moins tristes et menaçans. Aucun n'étant pour rien dans la chose publique, se trouvant séparé de toute action politique, s'accoutume chaque jour de plus en plus à regarder le Gouvernement comme un pouvoir étranger, qui, moyennant un tribut, vous doit repos, justice et bien-être. Tout le monde ne peut pas être députés, ni même électeur ; les discussions publiques des Chambres ne sont pas à la portée de tous. Il est des intérêts plus restreints et plus positifs qui seraient l'aliment naturel de l'activité et de la connaissance des citoyens.

Au lieu de cela, il n'existe pas, dans les provinces, un objet quelconque qui puisse occuper les esprits, absorber les ambitions, former aux affaires par l'expérience, remettre les imaginations vides dans le vrai et dans le positif. Les vieilles rancunes de la révolution, la résurrection de quelques sottes vanités qui en ont recruté d'autres nouvelles et plus ridicules, l'ignoble sollicitation des emplois, les jalousies et les haines toujours croissantes, la lecture des journaux et des brochures de sa propre opinion, les intrigues ministérielles et les cabales des chambres travesties à travers une cascade de commérages : tel est spectacle de la politique de Province. Tandis qu'au dessous de ce vain parlage, restreint à un bien plus petit nombre d'individus qu'on ne le pense, la foule des citoyens s'occupe avec ardeur et persévérance du soin d'améliorer sa situation par l'industrie, le commerce, ou l'économie ; se plaint du Gouvernement, dès qu'il y a une circonstance quelconque qui n'est pas favorable, le rend responsable de la baisse et de la hausse des marchandises et des denrées ; s'aigrit contre lui, même à propos de l'intempérie des saisons ; ne veut être gênée en rien par lui, et veut qu'il réponde de tout

(*) L'Administration Municipale avait pour premiers magistrats quatre consuls, *Procureurs nés du pays;* le premier était élu parmi les gentilshommes possédant fief, le second parmi les avocats, le troisième parmi les bourgeois, le quatrième parmi les simples gentilshommes.

par imprévoyance et défaut de lumière, ne s'attache pas à l'ordre de choses qui lui est bon, et ne sait d'autre inquiétude que : « Me fera-t-on porter double bât, double » charge? »

La libre et régulière gestion des affaires locales n'est donc pas une question indifférente *aux droits publics*, ni restreinte à son *objet apparent*. L'habitude de traiter avec indépendance les intérêts qui sont à leur portée, de délibérer sur ce que leur vue et leur esprit embrassent facilement, de se réunir et de se concerter pour faire prévaloir une conviction éclairée, donne aux Citoyens un caractère de force et de sagesse, les tire de l'isolement et de l'apathie, leur enseigne à connaître et à aimer l'ordre public, et en même temps à ne point trembler docilement devant les hommes revêtus de puissance. *Des occupations* de cette nature entrent comme élément nécessaire DANS LES MŒURS D'UN PAYS LIBRE.

(*Des Communes et de l'aristocratie*, par M. De Baraute, Pair de France, 1821. — Pages 16, 17, 18, 19.)

(23) *Un régime en harmonie avec les besoins du moment et les lumières du siècle*, page 3.

En réclamant la bienveillance de l'administration en faveur de l'industrie immobilière, la réunion n'a jamais perdu de vue qu'il lui était interdit de demander *le sacrifice des intérêts légitimes des autres administrés et des ressources du trésor*. Ce n'est qu'après le plus sérieux examen qu'elle a cru pouvoir solliciter, sans enfreindre la règle que la justice et la raison lui avaient prescrits,

1° Une exemption temporaire des impositions foncières pour les nouvelles constructions;

2° La diminution des droits de mutation pour tout le royaume;

3° La diminution des droits d'octroi sur les matériaux propres aux constructions de la capitale.

Un calcul extrait d'un excellent travail d'un membre de la réunion va prouver que ces demandes n'ont rien d'exagéré.

Supposons, avec l'auteur, une maison qui aura coûté 100,000 fr. pour le terrain, les matériaux et la main d'œuvre; et voyons à combien reviendront LES DROITS QU'ELLE DEVRA SUPPORTER, en comprenant TOUS LES FRAIS D'OCTROI, DE MUTATION, DE CONTRACT ET D'IMPOSITIONS FONCIÈRES :

Terrain ²/₈ʳ.	25,000 fr.	Droits de mutation, 8 p. cent.	2000 fr.
Matériaux, ³/₈ᶜ.	37,500	Droits d'entrée 15 p. cent. . .	5625
Main-d'œuvre, ³/ₛᶜ. . . .	37,500		

TOTAL. . . . . 100,000 fr.

Droits de mutation sur la vente de la maison, sur 100,000 fr. seulement, 8 p. cent. 8000

Rente à servir pour l'acquittement de l'impôt foncier, 800 fr. faisant un capital de. 16,666

32,291 fr.

Ainsi LES DROITS DE TOUT GENRE auront augmenté la dépense D'UN TIERS en sus du prix de l'établissement matériel de la maison.

Qu'on ne nous accuse pas d'avoir grossi les chiffres : nous prouverions, au besoin, que nous nous sommes tenus au-dessous de la vérité. Quelle intelligence, nous le demandons, serait capable de lutter avec avantage CONTRE DES DROITS AUSSI ÉNORMES ? Faut-il s'étonner que les capitalistes n'osent SPÉCULER sur les constructions ?

(*Mémoire adressé par une réunion de propriétaires, architectes et constructeurs de la ville de Paris, à MM. les membres de la commission d'enquête*, 1829. *Pages* 48 *et* 49.)

On est ainsi conduit à reconnaître que LA LOI doit encourager LES ASSOCIATIONS, les protéger, les inciter même à entreprendre LES OUVRAGES PUBLICS, dont le nombre est presque illimité, et dont le succès fonde pour des siècles la prospérité générale.

Pour atteindre ce but, LA LOI doit garantir LES SOCIÉTÉS de l'arbitraire, prévenir LES DIFFICULTÉS CONTENTIEUSES qui font échouer les meilleurs projets; elle doit donner aux actionnaires TOUTE SÉCURITÉ pour leurs capitaux, TOUTE LIBERTÉ CONVENABLE d'intervention et d'action. Déjà les obstacles de la nature, les chances des dépenses imprévues, inspirent assez de craintes, sans que les capitalistes s'exposent encore A L'INCERTITUDE DES DÉCISIONS D'UNE ADMINISTRATION QUI SE MONTRERAIT PEU DISPOSÉE EN FAVEUR DES COMPAGNIES EXÉCUTANTES. La liberté d'action laissée AU PUBLIC, dans des limites convenables, réglées par les lois, satisferait les vœux et les besoins d'une population active.

Le Gouvernement doit accorder aux sociétés L'AUTORISATION d'exécuter, à leurs frais, *tout ce qu'il ne peut entreprendre lui-même*, à charge par elles de se conformer aux conditions générales approuvées par les chambres.

Le public, qui jouit du droit de contrôle et de critique, ayant alors la faculté d'exécuter tout ce qu'il juge utile ou avantageux, ne saurait se plaindre de lui-même; il serait tenu, *sous la surveillance de l'administration*, de bien entretenir les ouvrages confiés à ses soins ou mis à sa charge.

Un CODE DE TRAVAUX PUBLICS, rédigé d'après ces principes, aurait pour résultat

10

immédiat DE MULTIPLIER LES ASSOCIATIONS, de mettre dans l'aisance, par le travail, les classes ouvrières maintenant malheureuses, de développer le génie national, d'effacer les souvenirs des divisions politiques par la communauté d'intérêts et les fréquentes réunions des associés; de faire cesser LE DÉSACCORD ENTRE L'ADMINISTRATION ET LE PAYS: de donner au Gouvernement plus de puissance par l'accroissement de toutes les richesses publiques et particulières.

L'influence DE LA LÉGISLATION DES TRAVAUX est si puissante, qu'en entrant sur une terre étrangère, on reconnaît immédiatement quel est le système suivi. Les routes sont belles ou mauvaises, la population est occupée ou oisive, riche ou pauvre, selon que le public ou le gouvernement se trouve chargé des entreprises d'utilité générale.

Les mêmes différences qui ont lieu dans les états voisins, soumis à des régimes contraires, seraient remarquées en peu d'années. Dans la France nouvelle DES ASSOCIATIONS NOMBREUSES et puissantes ouvriraient entre les principales villes de commerce des canaux et des chemins de fer, et se chargeraient DE TOUTES LES AMÉLIORATIONS QUI MANQUENT AU ROYAUME.

(*De la nécessité d'encourager les associations et de les appeler à l'exécution des travaux publics, par M. J. Cordier, député du Jura, 1830. Pages 20, 21, 22 et 23.*)

ÉVERAT, IMPRIMEUR,
rue du Cadran, n° 16.

www.ingramcontent.com/pod-product-compliance
Lightning Source LLC
Chambersburg PA
CBHW071305200326
41521CB00009B/1910